د. ئازاد عەلی ئیسماعیل

سایکۆلۆجیای ئایینداری

چاپی ئەمازۆن
٢٠١٨

سایکۆلۆجیای ئایینداری

....

لە بڵاوکراوەکانی سەنتەری زەهاوی بۆ لێکۆڵینەوەی فیکریی
ژمارە (٤١)

- نووسینی: د. ئازاد عەلی ئیسماعیل
- بابەت: دەروونزانیی
- دیزاین: رەوشت محەمەد
- چاپی یەکەم: چاپخانەی شڤان

لە بەرێوەبەرایەتیی گشتیی کتێبخانە گشتییەکان
ژمارە (١٦١٠)ی ساڵی ٢٠١٦ پێدراوە

لینکی چاپی ئەمازۆن :

https://www.amazon.com/dp/1727374916
ISBN-13: 978-1727374919
ISBN-10: 1727374916

پێرست

پێشەكی

ئایین یەكێكە لەو بابەتانەی بەردەوام قسەی لەسەر دەكرێت، هەم لەلایەن كەسانی پسپۆڕ و هەم لەلایەن خەڵكانی ناپسپۆڕەوە، چونكە ئایین لەهەمانكاتدا كە بابەتێكی گشتیە، گەورە و بچووك، ژن و پیاو، خوێندەوار و نەخوێندەوار، هەژار و دەوڵەمەند، بە شێوەی جیاجیا قسەی لەسەر دەكەن، لەهەمانكاتیشدا بابەتێكی تایبەتیە و كەسانی پسپۆڕیش لە بواری جیاجیادا قسەی زانستیی لەسەر دەكەن، ئەو كەسە پسپۆڕانە هەندێكیان زانایانی ئایینین، هەندێكی دیكەیان پسپۆڕانی كۆمەڵناسیی، پسپۆڕانی فیكر و فەلسەفە و پسپۆڕانی سیاسەت و پسپۆڕانی دەروونیین.

چۆن خەڵكی گشتی، بە شێوەی جیاواز قسە لەسەر ئایین دەكەن، كەسانی پسپۆڕیش جیاوازییەكی زۆریان هەیە لە چۆنیەتی قسەكردنیان لەسەر ئایین، هەندێكیان گرنگی بە سەڵماندنی نێوەڕۆكی ئایینێكی دیارییكراو دەدەن، كە ئەمانە زانایانی ئەو ئایینەن، پسپۆڕانی كۆمەڵناسیی زیاتر جەخت لەسەر ڕۆڵی كۆمەڵایەتی ئایین دەكەن، پسپۆڕانی مرۆڤناسییش گرنگی زیاتر بە چۆنیەتی دروستبوونی ئایین و

شێوەکانی لە کۆمەڵگا سەرەتاییەکان دەدەن، پسپۆڕانی دەروونییش گرنگی بە ڕۆڵی دەروونیی ئایین لەسەر تاکەکان دەدەن.

سەبارەت بە گۆڕانی ڕۆڵی ئایین لە بواری سایکۆلۆجیادا، ئیتن و هاوڕێکانی (Aten, OGardy & Worthington, 2012: 2) دەڵێن: "بە شێوەیەکی گشتی لە ماوەی ٣٠ ساڵی ڕابردوودا، گۆڕانێکی زۆر لە بواری سایکۆلۆجیا هاتۆتە ئاراوە. بابەتی ئایین و ڕۆحانیەت چیتر وەک بابەتێکی لاوەکی لە بواری سایکۆلۆجیا دانانرێن و وەک شتێکی تابوو (شتێکی قەدەغەکراو) مامەڵەیان لەگەڵدا ناکرێت، لە ڕاستیدا توێژینەوەیەکی گەلێک زۆر لە بواری سایکۆلۆجیای ئایین وڕۆحانیەت ئەنجامدراوە، بە شێوەیەك کە هەندێ لە پسپۆڕە ناودارەکان لەم بوارەدا پێیانوایە ئایین و ڕۆحانیەت دەبنە یەکێك لەو پێنج هێزانەی سایکۆلۆجیای هاوچەرخ".

جۆهانسن (Johansen, 2010) ئاماژە بەوە دەکات کە لە ماوەی شەست ساڵ (لە ساڵی ١٩٠٠ تا ساڵی ١٩٥٩) دا ٣٨٠٣ وتار (article) دەربارەی ئایین و ڕۆحانیەت لە ئەدەبیاتە سایکۆلۆجیەکان نووسراوە، بەڵام لە ماوەی تەنها شەش ساڵدا (لە ساڵی ٢٠٠٠ تا ٢٠٠٦) کۆی ٨١٩٣ لەم جۆرە وتارانە بڵاوکراونەتەوە، ئەمە ئاماژە بە زیاد بایەخدان بە بابەتی ئایین و ڕۆحانیەت لە بازنە زانستییە دەروونییەکان لە وڵاتانی ڕۆژئاوا و بە تایبەتی ویلایەتە یەککرتووەکانی ئەمەریکا دەکات.

لە توێژینەوەیەك کە لەسەر ئەندامانی یەکێتی دەروونزانانی ئەمەریکی (APA) لە لایەن دێلانیێی و میلەر و بیسۆنۆ (,Delaney

ئەنجامدرا، بەدیار کەوت: ٨٢٪ لەو (Miller & Bisono, 2007) سامپڵەی کە وەڵامی ڕاپرسییەکەیان دابۆوە، لەو بڕوایەدابوون کە ئاین سوودبەخشە، تەنها ٧٪ لە سامپڵەکە بڕوایان وابوو ئاین بۆ دەروونی مرۆڤ زیانبەخشە.

لای ئێمە بە دەگمەن پسپۆڕانی دەروونزانی قسە لەسەر ئاین دەکەن، زۆرجاریش کە قسەی لەسەر دەکەن، خۆزگە دەخۆی کە قسەیان نەکردبایە! نەک لەبەر ئەوەی قسەکان دژی، یان دۆستی ئاینن، بەڵکو لەبەر ئەوەی کە لە ڕووی ئاسۆییەوە قسەکان لە بواریکی هەژارو تەسکدا دەکرێن و لە ڕووی ستوونیشەوە شیکردنەوەی قووڵی تێدا نییە.

لە زانکۆکانی کوردستانی عێراق و لە عێراقیشدا، سایکۆلۆجیای ئاین وەک بابەتێک لە بەشەکانی دەروونزانی ناخوێندرێت، بۆیە ئەگەر پسپۆڕی دەروونی هیچ زانیاریەکی لەسەر بابەتەکە هەبێت، ئەوا بەرهەمی خوێندنەوەی خۆیەتی، هەرچەندە لە وڵاتە پێشکەوتووەکانی وەک ویلایەتە یەکگرتووەکانی ئەمەریکا، سایکۆلۆجیای ئاین پسپۆڕییەکی دیارییکراوە کە بڕوانامەی ماستەر و دکتۆرای لەسەر وەردەگیرێت، بەڵام لە بەشەکانی دەروونزانی لە زانکۆکانی هەرێم لەسەر ئاستی ئەکادیمییەوە هیچ گرنگییەک بەم بابەتە نادرێت.

ئازاد عەلی ئیسماعیل

٢٠١٦

بۆچی دەبێت لە ڕوانگەی

سایکۆلۆجیەوە لە ئایین بکۆڵینەوە؟

هود و هاوڕێکانی (Hood, Hill & Spilka, 2009:1)لەو
بڕوایەدان وەڵامی ئەم پرسیارە زۆر سادە وساکارە: چونکە لای زۆرێك
لە خەڵك ئایین زۆر گرنگە و چەندەها ڕەفتاری سەرنجڕاکێش بە ناوی
ئایینەوە دەکرێت و ئایین بۆتە بەشێکی دانەبڕاو لە چەندەها لایەنی
بوونی ئادەمیزادەکان، بەڵکو هەندێ لە تویژەران لە بواری ئاییناسی
(فراس السواح، ٢٠٠٢: لاپەڕە: ١٩) پێیانوایە باشترین پێناسە بۆ مرۆڤ
ئەوەیە کە "بوونەوەرێکی ئاییندارە".

د. هیوستن سمیپ، لە کتێبێکی بە ناونیشانی "Why Religion
Matters" واتە: بۆچی ئایین گرنگە؟ وەرگێڕانە عەرەبییەکەی بە
ناونیشانی: (لماذا الدین ضرورة حتمیة؟)، لە پێنج خاڵی سەرەکییدا
بەڕاوردێك لە نێوان تێڕوانینی تەقلیدی (ئایینی) و تێڕوانینی زانستی بۆ
جیهان دەکات (لاپەڕە:٤٨–٥٢ لە دەقە عەرەبییەکەی.

یەکەم: لە تێڕوانینی تەقلیدی ئایینیدا ڕۆح بنەمایە، نەك ماددە، لە
کاتێکدا لە تێڕوانینی زانستیدا مەسەلەکە پێچەوانەیە.

دووەم: بە پێی تێڕوانینی تەقلیدی، ئایینی مرۆڤ لە شتێکی مەزنەوە
هاتووە، لە کاتێکدا تێڕوانینی زانستی پێیوایە مرۆڤ لە شتێکی زۆر
بچووکەوە هاتووە و پاشان گەشەی کردووە.

سێیەم: تێڕوانینه ئاینیەکان مزگێنی داهاتوویەکی خۆش دەدەن، له کاتێکدا تێڕوانیی زانستی ئەم جۆره مزگێنیە نادات.

چوارەم: له تێڕوانیی تەقلیدیدا، جیهان بۆ مەبەستێک دروستکراوه لەلایەن خاوەن دەسەڵاتێکی ڕەها، بەڵام ئەم جۆره مانا و مەبەسته له تێڕوانینی زانستی بۆ جیهاندا نییه.

پێنجەم: خەڵک له جیهانبینی تەقلیدیدا هەست دەکەن که له ماڵی خۆیانن، سەر بەو جیهانەن، چونکه یەک خولقێنەریان هەیه، بەڵام ئەم جۆره ئینتیمایه بۆ جیهان له تێڕوانینی زانستیدا نادۆزینەوه، ئێنجا ئەگەر گریمان گشت زاناکان کەسانێکی دژ به ئایین بن، یان بەلای کەمەوه ئاییانیان لا گرنگ نەبێت، که له ڕاستییدا وانییه، بەڵام زۆرینەی ئەو کەسانەی که زانا نین و مرۆڤی ئاسایین بڕوایان بەو تێڕوانیینه تەقلیدییه هەیه که (سمیس) له سەرەوه ئاماژەی پێدا.

سادەترین پێناسەی سایکۆلۆجیا بەم شێوەیەیه: ئەو زانستەیه دیراسەی ڕەفتار و کرده عەقڵییەکانی مرۆڤ دەکات. لای زۆربەی خەڵک، بەشێک له ڕەفتاریان ئەنجامی بیروباوەڕی ئایینیانه، واته بۆ هەندێ، ئایین هەم کاریگەری لەسەر عەقڵ و بیرکردنەوەیان هەیه، هەم لەسەر ڕەفتار و هەڵسوکەوتیشیان، بۆیه ناکرێت سایکۆلۆجیا خۆی له قەرەی ئەم جۆره ڕەفتار و بیروباوەڕانه نەدات که پەیوەندییان به ئایینەوه هەیه.

شتێکی زانراوه که زۆرینەی کورد سەر به ئایینی ئیسلامه، ئەم ئاینەش، وەک مارتن ڤان برونسن (Bruinessen, 1999) ئاماژەی

پێدەکات، بە شێوەیەکی قوولٚ کاریگەری لەسەر کۆمەلٚگای کوردی کردووە، بە شێوەیەك تەنانەت ئەو لایەنە کۆمەلٚایەتی و سیاسییانەی کە ئایینیش نیین، ئایین کاریگەری بە سەریانەوە هەیە، لە توێژینەوەیەکیشمان لەسەر خەسلٚەتە سەرەکییەکانی کەسایەتی کورد (ئازاد علی اسماعیل و میران محمد صالح، ٢٠١٤)، بەدیارکەوت کە زۆرینەی مامۆستایانی زانکۆ پێیانوایە ئایین و ئایینداری خەسلٚەتێکی سەرەکی کەسایەتی کوردین.

ئێمەی کورد، لە کاتی نووسینی ئەم کتێبەدا، ڕووبەڕووی جەنگێکی ترسناك دەبینەوە کە بە ناوی ئایین و لەژێر دروشمی ئایینەوە هەلٚگیرساوە و کاریگەرییەکی نێگەتیڤانەی لای هەندێ کەس تا ڕاددەی گومانکردن لە ئایینەکان بە گشتی و ئایینی ئیسلامیش بە تایبەتی، دروستکردووە. لەم جۆرە بارودۆخەدا خوێندنەوەیەکی زانستییانە بۆ دیاردەی ئایینداری دەبێتە پێداویستیەکی، نەك تەنها زانستی، بەلٚکو کۆمەلٚایەتی و نەتەوەییش، ئەم کتێبە، کە هەولٚ دراوە بە شێوازێکی زانستی بنووسرێت، لەم ئاڕاستەیەدایە و نووسەر هیواخوازە سوودێك بە خوێنەر بگەیەنێت و کەلێنێکی بچووك لە کتێبخانەی کوردی ـ کە لە بواری سایکۆلۆجیادا زۆر هەژارە ـ پڕبکاتەوە.

به‌شی یه‌که‌م
پێناسه‌ی زاراوه‌کان

گرنگە هەر کتێبێك لە سەرەتادا زاراوە گرنگ و سەرەکییەکان پێناسە بکات، بۆ ئەوەی خوێنەر باشتر لە ناوەڕۆکی کتێبەکە و بیرۆکەکانی تێبگات. سێ زاراوە گرنگن کە پەوەنیان بکەینەوە، ئەوانیش زاراوەکانی (ئایین، ئایینداری، سایکۆلۆجیای ئایین)ن، لە خوارەوە هەوڵ دەدەین بە کورتی هەندێ ڕۆشنایی بخەینە سەر ئەم زاراوە گرنگانە.

ئایین

بە گشتی پێناسە ئایین، جێگەی مشتومڕێکی دوور و درێژە، هەم لە نێوان ئەو زانا و توێژەرانەی لە ناوەوەی بازنەی زانستە ئایینیەکان کار دەکەن، هەمیش لە نێو ئەو زانا و توێژەرانەی لە دەرەوەی ئەم بازنەیەدا کار دەکەن، بەڵام لەبەر ئەوەی ئەم کتێبە تایبەتە بە سایکۆلۆجیاوە، هەوڵ دەدەین تەنها لە ڕوانگەی پسپۆڕانی سایکۆلۆجییەوە ڕۆشنایی بخەینە سەر پێناسەی ئایین.

پسپۆڕانی سایکۆلۆجیش دوو هەڵوێستیان سەبارەت بە پێناسەکردن، یان پێناسەنەکردنی ئایین، هەیە. هەندێکیان، وەك لە خوارەوە ئاماژەی پێدەکەم، پێیانوایە دەشێ ئایین پێناسە بکرێت، بەڵام هەندێکی دیکەیان پێیانوایە کە پێناسەکردنی ئایین کارێکی زۆر زەحمەتە، بۆیە هەوڵی ئەوە نادەن پێناسەیەکی دیارییکراو بۆ ئایین

پێشکەش بە خوێنەر بکەن. ولیەم جێیمس لە کتێبە بەناوبانگەکەی
(The variety of religious experience) لاپەڕە ٣٦ بەم جۆرە
پێناسەی ئایین دەکات:

"ئایین ماناى ئەو هەست و کردار و ئەزموونانەى تاک تاکى مرۆڤەکان
دەگەیەنێت لە تەنیاییاندا کاتێک وا تەماشاى خۆیان دەکەن کە
پەیوەندییان هەیە بە هەر شتێک کە بە لایانەوە ئاسمانى (یان خودایى)
بێت". لە لاپەڕە ٤١ لە هەمان کتێب ماناى "ئاسمانى یان خودایى بە
زمانى ئینگلیزى divine بەم شێوەیە رووندەکاتەوە: "ئاسمانیى، یان
خودایى، لاى ئێمە تەنها ماناى واقیعێکى سەرەتاییە کە وا لە تاک
دەکات هەست بکات ناچارە بە ڕێز و جدییەتەوە، نەک بە نەفرەت و
گاڵتەوە، وەڵامى بداتەوە".

جەیمس لیوبا (Leuba, 1909)، کە شاگردى ولیەم جێیمس بوو و
یەکێکیشە لەو دەروونزانانەى کە هەر زوو گرنگییان بە بابەتى ئایینى دا
لە ویلایەتە یەکگرتووەکانى ئەمەریکا، ئەو پێشنیازى ئەم پێناسەى
خوارەوە بۆ ئایین دەکات:

"ئایین بریتییە لە بڕوا بوون بە هێزێکى مەزن و باڵادەستى ناماددى،
یان psychic چ لەسەر ئاستى کەسى بێت، یان نا، لە پەیوەندییەکى
داینمایکى، چ فەرمى و رێکخراو بێت، یان نا، لە نێوان مرۆڤ و ئەو هێزە
باڵایە کە مەبەستى مانەوە و زیادبوون و بەپیرۆزکردنى ژیانە". (لاپەڕە:
٩٣-٩٢)

ميتكۆ و نايت (Mytko & Knight, 1999: 439) پێيانوايه زاراوەی (ئايينی) "زۆرجار به پايەندبوونی كەسێك به باوەڕ و بەها و كردارەكانەوه دەبەسترێتەوه كه دامەزراوەيەكی ڕێكخراو به مەبەستی گەڕان به دوای (شته ئاسمانييەكان) به هۆی چەند ڕێگايەكی ديارييكراو بۆ تێڕوانينی ژيان و گوزەرا، پێشكەشی دەكات".

لۆونپال (Loewenthal, 2006: 6) بەم شێوەيه پێناسەی ئايين دەكات: "ئايينيه تەقليديه سەرەكييەكان چەند خاسيەتێكی هاوبەشيان سەبارەت به باوەڕ هەيه كه بريتين له:

● بڕواهێنان به بوونی واقيعێكی ناماددی (واته ڕۆحی)

● مەبەستی ژيان زيادكردنی ئاشتی و ئارامييه له جيهان له ڕێگای چاكەكردن و دووركەوتنەوه له خراپه

● ئايينه يەكخواييەكان بڕوايان وايه كه سەرچاوەی بوون، كه خودايه، هەر ئەويش سەرچاوەی ڕێنماييه ئەخلاقييەكانيشه

● هەموو ئايينەكان بۆ گەياندنی بيرۆكەكانيان پشت به ڕێكخراوێكی كۆمەڵايەتی دەبەستن".

كێركپاتريك (Kirkpatick, 2005:15)كه يەكێك له تويژەره بەناوبانگەكان له بواری دەروونزانی ئايينی، كاتێك دەگاته پێناسەكردنی ئايين، دەنووسێت: "من مەبەستم له ئايين... له ڕاستيدا لێرەدا من پێت ناڵێم مەبەستم له ئايين چييه، ئەوەش نەك لەبەر ئەوەی كه من نازانم چۆن پێناسەی بكەم (هەرچەنده ئەمه ڕاسته و من نازانم پێناسەی بكەم) يان لەبەر ئەوەی من جۆرێك له پێناسەيەكی سەير و

تايبەتم شاردبێتەوە و لە دواييدا بە ڕووتیدا بیتەقێنمەوە، دڵنیات دەکەمەوە کە بە شێوەیەکی گشتی ماناي (ئایین) لام تا ڕادەیەکی زۆر هەمان ئەو مانایایە کە زۆربەی خەڵک دەربارەی ئەو زاراوەیە هەیانە، بەڵام من نامەوێ هەوڵی پێناسەکردنی بکەم".

نێلسن (Nelson, 2009) لەو کتێبەی کە زیاتر لە ٧٠٠ لاپەڕەیە، پێناسەیەکی دیارییکراو بۆ ئایین ناخاتەڕوو.، بەڵکو لە دوو ڕەهەندەوە تەماشای ئایین دەکات: ئایین وەک پەیوەندییکردن بە خودا و ئایین وەک ڕێبازی ژیان، هەرچەندە بە درێژیی باسی ئەم دوو ڕەهەندە دەکات، بەڵام لە کۆتاییدا پێناسەیەک ناداتە دەست خوێنەر.

هود و هاوڕێکانیشی (Hood et al. 2009) بە هەمان شێوە خۆیان دەپارێزن لە پێشکەشکردنی پێناسەیەکی دیارییکراو بۆ ئایین بە گشتی و پێیانوایە لە حاڵی حازردا تەنها دەتوانن کە باس لە خاسیەتەکانی ئایین بکەن و لەسەر ئەم بنەمایە قسە لەسەر سایکۆلۆجیای ئایین بکەن، هەرچەندە ئاماژەش بەوە دەکەن کە دەکرێ پێناسەی جۆرێک لە ئایینەکان بکرێت، بۆ نموونە ئایینەکانی مەسیحیەت و ئیسلام.

لەبەر ئەوەی ئایینەکان ئەوەندە جۆراوجۆرن و هەندێکجار زۆر لەیەکتر نزیکن و هەندێکجاری دیکە زۆر لە یەکتر دوورن، کە زەحمەتە هەموویان لە ژێر چەتری یەک پێناسەی گشتگیر کۆبکرێنەوە، بۆیە باشتر وایە کاتێک پێناسەی ئایین دەکەین، پێناسەی ئایینێکی دیارییکراو بکەین، نەوەک ئایین بە گشتی.

سايكۆلۆجیای ئایین چییە؟

من بەشبەحاڵی خۆم نەمدەزانی کە ولیەم ڤۆنت ــ کە لای زۆربەی پسپۆرانی سايكۆلۆجی بە دامەزرێنەری سايكۆلۆجیا دادەنرێت ــ لە کتێبەکانیدا باسی ئایینی کردبێت. لەوانەیە هۆیەکەشی ئەوە بێت کە ئەو کتێبانەی لەسەر ئەم بابەتە بە زمانی ئەڵمانی نووسراوە و کەمتر گرنگیان پێدراوە بە بەراورد بەو کتێبانەی کە باس لە ئەزموون و تاقیکردنەوەکانی خۆی لە تاقیگەی سايكۆلۆجیدا دەکات، بۆیە بۆ من جێی سەرسورمان بوو کە بیڵنن (Belzen, 2010) لە لاپەرە: ١٠٢ بەم شێوەیە باسە لەم بابەتە دەکات:

"بە شێوەیەکی گشتی نەزانراوە کە ڤۆنت بەشێکی باشی لە کارەکانی بۆ سايكۆلۆجیای ئایین تەرخان کردبێت. کتێبەکەی کە بە ناونیشانی Völkerpsychologie سێ بەشی گەورە سەبارەت بەم بابەتە لە ژێر ناونیشانی Mythos und Religion لەخۆی دەگرێت. لە پێشەکی بەشی یەکەمدا ڤۆنت نووسیوویەتی کە بە دڵنیاییەوە ئەفسانە و ئایین بابەتگەلێکی ژیانن بە گشتی کە لە بابەتەکانی زیاتر سەرنجمان رادەکێشن بۆ ئەوەی سايكۆلۆجیانە مامەڵەیان لەگەڵ بکەین، هەروەها ئەوەی سەرنجی ڤۆنتی راکێشا ئەوەبوو کە هەرچەندە گرنگیدان بەم بابەتە لەناو بازنەی ئەکادیمی و لە دەرەوەیدا لە زیادبووندایە، بەڵام پسپۆرانی سايكۆلۆجی تویژینەوەیان لەسەر نەکردووە، ئەمەش نەك لەبەر ئەوەی سايكۆلۆجیستەکان سەرقاڵی شتی

گەورەتر و گرنگتر بووین، بەڵکو لەبەر ئەوە بووە کە ئەوان سەرقاڵی شتە سەرەتاییە بوون، بە تایبەتی ئەوانەی کە تێکەڵبوون بە بابەتە فسیۆلۆجیەکان، بۆیە کاتیان نەبوو بۆ ئەوەی لێکۆڵینەوە لە ژیانی خودی ڕۆح بکەن بۆ ئەوەی نزیک ببنەوە لەو کێشە ئاڵۆزانەی کە پەیوەندییان بە گەشەکردنی ئەفسانە و ئاین هەیە لە ڕێگای پیادەکردنی ئەو ڕێباز و ڕوانگە تازانەی کە سایکۆلۆجیا بەدەستیهێناون.

بە پێی پێناسەی دێڤید ۆلف (Wullf, 2001: 15) "سایکۆلۆجیای ئاین پێکدێت لە جێبەجێکردنی ڕێکوپێکی بیردۆز و مێتۆدە سایکۆلۆجیەکان لەسەر نێوەڕۆکەکانی دابونەریتە ئایینیەکان و ئەو ئەزموون و هەڵوێست و ڕەفتارانەی تاکەکان کە پەیوەندییان پێیانەوە هەیە".

یاکوب بێلزێن (Belzen, 2010:4) بەم شێوەیە وەسفی سایکۆلۆجیای ئاین دەکات: "ئامانج و مەبەست لە سایکۆلۆجیای ئاین بریتییە لە بەکارهێنانی ئامرازە سایکۆلۆجیەکان (وەک بیردۆزەکان، چەمکەکان، بیرۆکە قوولەکان، ڕێبازەکان و تەکنیکەکان) بۆ شیکردنەوە و تێگەیشتن لە ئاین".

هەردوو پێناسەکەی ۆلف و بێلزن لە زۆر ڕووەوە لەیەک دەچن و هاوشێوەی یەکدین، ئەمەش لەبەر ئەوەیە کە پسپۆڕان لە بواری دەروونی هاوڕان لەسەر ئامانجی ئەم لقە لە لقەکانی سایکۆلۆجیا، بەڵام لێرەدا پێمخۆشە بۆچوونی خۆم سەبارەت بە زاراوەی (سایکۆلۆجیای

ئایین) بخەمەڕوو، پێموایە ئەم زاراوەیە دروست نییە و پێنشاز دەکەم
زاراوەکە بکرێتە (سایکۆلۆجیای ئایینداری)، لەبەر ئەوەی بابەتی
سایکۆلۆجیا بریتییە لە ڕەفتار و هەست و بیری مرۆڤ، نەك لێکۆڵێنەوەی
واقعێکی دەرەکی، لە دەرەوەی مرۆڤ، هاوشێوەی (ئایین).

پێویستە تێبینییەکی گرنگ بخەمەڕوو، پێش ئەوەی کۆتایی بەم
بابەتە بێنم، لە کاتێکدا سایکۆلۆجیای ئایین توێژینەوە لە کۆمەڵێك
بابەتی پەیوەندیدار بە ئایین دەکات، هیچ حوکمێك لەسەر خودی
ئایینەکە نادات، نە بە پەسندکردن و نە بە دژایەتی، بەڵکو گرنگی بە
خودی ئەو ئەزموونە دەدات کە بابای ئاییندار پێیدا تێدەپەڕێت کە
پەیوەندی بە ئایینەوە هەیە، بۆ نموونە کاتێک مرۆڤێک بڕوای بە بوونی
خودا هەیە، پسپۆڕانی سایکۆلۆجیای ئایین باس لەوە ناکەن کە ئایا ئەم
بڕوایەی ڕاستە، یان نا؟ بەڵکو ئەوەی لایان گرنگ چۆنیەتی
دروستبوونی ئەم بڕوایە و گەشەکردنی و کاریگەریەتی لەسەر ڕەفتاری
کەسەکە، بۆیە دەشێت لە نێو ئەو پسپۆڕانەی گرنگی بە سایکۆلۆجیای
ئایین دەدەن کەسانێک هەبن کە خۆیان ئاییندارن نیین و دەشکرێت
کەسانێکی ئاییندار بن.

ئایینداری :

زۆرجار تێبینی ئەوەم کردووە ئەو کەسانەی قسە لەسەر ئایین
دەکەن، زۆربەی جار مەبەستیان ئاییندارییە، نەك ئایین، ئەم
تێکەڵییەش، لەسەر ئاستی تیۆریدا، کۆمەڵێك کێشەی مێتۆدۆلۆجی بۆ
کەسەکە دروست دەکات و لە کۆتاییدا ناگاتە ئامانج، بۆ نموونە چەند
جارێك گوێ لە کەسێك دەگریت باس لە (ئایین) دەکات، بەڵام بێئەوەی
کەسەکە هەست بکات تێبینی دەکەیت ئەو قسە لەسەر "ئایینداری"
کەسەکان دەکات ! بۆ ئەم جۆرە کەسانە، بە تایبەتی ئەگەر تویژەر
بن، زۆر گرنگە جیاوازییەکی دیارییکراو لە نێوان "ئایین" و"ئایینداری"
بکەن، بۆ ئەوەی نەکەونە هەڵەی مێتۆدی زەقەوە .

لەوانەیە پێمانوابێت کە ئەگەر لەسەر پێناسەی ئایین ڕێککەوتین،
لەوانەیە پێناسەی ئایینداری ئاسان ببێت، بەڵام لە ڕاستیدا مەسەلەکە
لەوە ئاڵۆزترە و مشتومرێکی زۆر سەبارەت بە چەمکی ئایینداری
(Religiosity) و جۆرەکانی و ئاستەکانی و چۆنیەتی پێوانی
ڕەهەندەکانی لە نێوان ئەو تویژەرانەی لە بواری سایکۆلۆجیای ئایینی
کار دەکەن، هەیە .

لە خوارەوە ئاماژە بە چەند پێناسەیەك دەکەین بە هیوای ئەوەی کە
ئەم چەمکە ڕوون بکاتەوە .

ۆنگ و ڕیۆ و سلایکیۆ (Wong, Rew & Slaikeu) ئاماژە بەوە
دەکەن کە ڕێککەوتنێکی ڕێژەیی لە نێوان پسپۆرانی زانستە

کۆمەڵایەتییەکان لەسەر مانای ئایینداری هەیە، پێیانوایە ئایینداری بریتییە لە "پەیوەندی تاک بە بیروباوەڕێکی دیارییکراو، یان بە ڕێچکەیەك سەبارەت بەو شتانەی کە پەیوەندییان بە خودا، یان هێزێکی سەرووی سروشتەوە هەیە".

میتکۆ و نایت (Mytko & Knight) پێیانوایە کە ئایینداری "زۆربەی جار ئاماژەیە بە پابەندبوونی کەسێك بە کۆمەڵێك بیروڕا، یان بەها، یان چەند کردارێك کە لەلایەن ڕێکخراوێك دانراوە کە ئەرکی گەڕان بەدوای هەر شتێك کە پەیوەندی بە خوداوە بێت، خستۆتە سەر شانی خۆی لە ڕێگای دیارییکردنی چەند گۆشەنیگایەك بۆ جیهانبینی و ژیاندا".

پێش ئەوەی بێمە سەر پێناسەی خۆم بۆ ئایینداری، پێم باشە لە ڕووە گشتییەکانیانەوە بەراوردێك لە نێوان ئایین و ئایینداری بکەم.

یەکەم: ئایین سەرچاوەیەکی دەرەکی هەیە، چ ئاسمانی بێت و چ زەمینی، کەچی ئایینداری سەرچاوەکەی ناوەکییە، واتە مرۆڤە.

دووەم: ئایین لە دەقی پیرۆز پێکدێت، لە کاتێکدا ئایینداری دەربارەی چۆنییەتی تێگەیشتنی مرۆڤە لەم دەقانە بە پێی ئەزموونی تایبەتی خۆی.

سێیەم: ئایین یەکە، ئاییندار فرەیە چ لە ڕووی ئاست و چ لە ڕووی جۆر.

بەپێی تێگەیشتنم بۆ چەمکی ئایینداری، وای بۆ دەچم ئایینداری ئاماژە بێت بۆ ئەو شێوازەی کە مرۆڤ مامەڵە لەگەڵ ئایین دەکات لەسەر

ئاستی زانین وهەست وڕەفتاریدا. ئەم مامەڵەکردنەش هەندێکجار زۆر ڕووکەشانە و هەندێکجاریش زۆر قووڵ دەبێت. ئەو پێناسەی طه عبدالرحمن (٢٠١٦) بۆ ئایینداری دەکات ئاماژە بۆ ئەو جۆرە مامەڵە قووڵە لەگەڵ ئاییندا کە دەنووسێت:

"ئایینداری بۆ بابای موسڵمان تەنها ڕەفتارێکی پەرستش نییە کە پەنای بۆ ببات بۆ ئارامکردنەوەی دەروونی و پڕکردنەوەی بۆشایی دڵی، بەڵکو ڕێگایەکە بۆ هێنانەدی خودی خۆی لە بووندا، بە شێوەیەك، بوونی موسڵمان لە ئاین وەك بوونیەتی لە جیهان.. " (لاپەڕە: ٢٦)

پێناسەکردنی ئایینداری بە مامەڵەکردنی مرۆڤ لەگەڵ ئاییندا، هەم ئاسانە و لەهەمانکاتیشدا مافی ئەو دیاردەیە دەدات لە ڕووی ئاڵۆزیدا، بە تایبەتی کاتێك قسە لەسەر ئاستەکانی ئەم مامەڵەکردنە دەکەین، بۆیە لە خوارەوە بە کورتی ئەم پێناسەیە ڕوونتر دەکەینەوە:

یەکەم: مامەڵەکردن لەگەڵ ئاین لە ئاستی مەعریفیدا

ئاین، وەك بوونێکی دەرەکی، یەکەمجار مرۆڤ لەسەر بابەتێکی مەعریفی مامەڵەی لەگەڵ دەکات، واتە مرۆڤەکە بڕوای پێدەهێنێت، بڕواهێنانێك کە بەلای کەمەوە دوو ڕەهەند دەگرێتەوە: ڕەهەندی سەرچاوەی ئاین و ڕەهەندی ناوەڕۆکی ئاین.

هەرچەندە هەندێ لە توێژەران پێیانوایە "بڕواهێنان" یان ئیمان، پڕۆسەیەکی فیکریی نییە، بەو مانایەی کە مرۆڤ لەوانەیە قبوڵی بکات بێ ئەوەی هەوڵی ئەوە بدات بە دوای ئەو بەڵگانە بگەڕێت کە

ڕاستیەکەی دەسەلمێنن. ئەگەر ئەم بۆچوونە بۆ هەندێ لە ئایینەکان دروست بێت، مەرج نییە بۆ هەموو ئایینەکان وابێت، لەگەڵ ئەوەشدا بڕواهێنان دەکەوێتە بازنەی مەعریفییەوە.

بێجگە لە بڕواهێنان، کۆکردنەوەی زانیاری لەسەر ناوەڕۆکی ئایین وئەو بابەتانەی کە پەیوەندییان لەگەڵییەوە هەیە، لە ڕێگای خوێندنەوەی کتێبی ئایینی، یان گوێ گرتن لە وتار، یان پرسیارکردن، بەشێکی دیکەی مامەڵەی مەعریفییە لەگەڵ ئایینددا، بەڵام ئەم بەشە، واتە کۆکردنەوەی زانیاری لەسەر ناوەڕۆکی ئایین، بەبێ بڕواهێنان بە سەرچاوەکەی، وەک بەشێک لە ڕۆژهەڵاتناسان دەیکەن، نابێتە ڕەهەندێکی ئایینداری.

دووەم: مامەڵەکردن لەگەڵ ئایین لە ئاستی هەڵچوونیدا

هەستەکان، وەک ترس و خۆشەویستی و ڕێز و خەم و شادی و هتد... لە زۆربەی حاڵەتەکاندا ئەنجامی درککردن و بیرکردنەوەی مرۆڤن، واتە بەرهەمی لایەنی مەعریفیین. بابەتەکانی ئایینیش، پاش ئەوەی مرۆڤ بڕوایان پێدەکات و بەپێی توانای خۆی زانیارییان دەربارە دەزانێت، جۆرێک لە هەست لای مرۆڤ دروست دەکەن، ئەم هەستانە زۆر تایبەتن و هەندێکجاریش دووبارەبوونەوەیان بە هەمان ئاست و لە هەمان کات و شوێندا دەگمەنە، بەڵام کاریگەری گەورەیان لەسەر مرۆڤ هەیە و تا ڕاددەیەکی زۆر ئاراستەی ڕەفتاری مرۆڤ دەکەن. دەشێ، بۆ نموونە، زۆر جەختکردن لەسەر تۆڵەی خودا و سزادانی تاوانباران و

هتد.. ئاستێکی بەرز لە ترس دروست بکات لەسەر حیسابی هەستەکانی دیکە و ئایینداریّکی ترسدار بەرهەمبیّنیّت. فراس السواح (٢٠٠٢) ئاماژە بەم لایەنە دەکات، بەڵام ناوی لیّدەنیّت: ئایینی تاکی، یان ئەزموونی ئایینی تاکی.

سێیەم: مامەڵەکردن لەگەڵ ئایین لە ئاستی رەفتارییدا

رەفتار، واتە هەڵسوکەوتی مرۆڤە و ئەو کارانەیە کە مرۆ دەیانکات، لێرەدا مەبەست رۆڵیّکی گرنگ دەبینیّت لە پۆلیّنکردنی رەفتاریّک وەک رەفتاریّکی ئایینی، یان ئایینداری رەفتاریی، بۆ نموونە خۆشووشتن، رەفتاریّکی ئایینی نییه، بەڵام ئەگەر بە مەبەستی دەرکردنی لەشگرانیی بیّت، ئەوا دەبیّتە رەفتاریّکی ئایینی.

رەفتارەکانیش دەکریّن بە دوو چەشن:

چەشنی یەکەم: ئەو رەفتارانە دەگریّتەوە کە پیّویستە لە کاتی دیارییکراو وبەشیّوازیّکی دیارییکراو ئەنجام بدریّن کە پیّیاندەگوتریّت سروتەکان، یان پەرستشەکان.

چەشنی دووەم: رەفتاری دیکەن کە ئەگەر مەبەستی کەسە ئایینی بیّت، ئەوا بە رەفتاری ئایینی دەژمیّردریّت، ئەگەرنا، نا، بۆ نموونە ئەگەر یارمەتیدانی هەژاریّك بە پارە تەنها لەبەر بەزەیی هاتنەوە بیّت، و کەسەکە هیچ مەبەستیّکی ئایینی لە خەیاڵ نەبیّت، ئەوا ئەم کارە بە رەفتاریّکی ئایینی ئەژمار ناکریّت.

بەشی دووەم
ئایین بە بۆچوونی هەندێ لە دەروونزانانەکان

دەروونزانان بیروبۆچوونی جیاجیان دەربارەی ئایین هەیە، کۆمەڵێک فاکتەر کاریگەری هەبووە لەسەر ئەم بیروبۆچوونانە، هەندێکیان پەیوەندی بە خودی کەسایەتی دەروونزانەکە هەیە و هەندێکی دیکە پەیوەندی بەو بیروبۆچوونەیە کە لەو کاتەدا باو بووە کە ئەم دەروونزانە تیایدا ژیاوە. بە گشتی، هەندێ لە دەروونزانەکان ئایین بە دیاردەیەکی باش دادەنێن لە ڕووی دەروونییەوە و هەندێکی دیکە پێیانوایە کە ئایین کاریگەری خراپی دەروونی لەسەر شوێنکەوتووانی هەیە.

لە خوارەوە بە کورتی باس لە بۆچوونی هەشت دەروونزانی ناودار سەبارەت بە ئایین دەکەین، بێگومان دەروونزانی بەناوبانگی دیکەش هەن کە لەوانەیە لە ڕووی پلە و پایەی زانستییەوە هیچیان لەم هەشت دەروونزانە کەمتر نەبێ، بەڵام ئەم کارە کتێبێکی تایبەتی پێویستە، هەروەها بە پێی توانا هەوڵم داوە کە پشت بەو کتێبانە ببەستم کە خودی ئەم دەروونزانانە نووسیویانە سەبارەت بە ئایین، واتە سەرچاوەی پلە یەک، بەڵام ئەگەر چنگم نەکەوتبێت، ئەوا پەنام بردۆتە بەر سەرچاوەیەکی پلە دوو، خوێنەر دەتوانێ بگەڕێتەوە بۆ ئەم کتێبانەیان بۆ وەرگرتنی زانیاری زیاتر لەسەر بیروبۆچوونیان.

بۆچوونی فرۆید[1]

سیگمۆند فرۆید یەکێکە لەو دەروونزانانەی که بۆچوونێکی نێگەتیڤی سەبارەت به رۆڵی ئایین له دەروونی مرۆڤدا هەیه. فرۆید، که دامەزرێنەری قوتابخانەی دەروونشیکارییه، له کتێبی (Future of an Illusion) پێیوایه ئایین وەك نەخۆشی وەسواسی به کۆمەڵ و بڕواشی وایه که بیرۆکه ئایینییەکان، وەك گشت دەستکەوتەکانی دیکەی شارستانیەتی، له پێویستی مرۆڤ بۆ خۆپاراستن له هێزی سروشت سەرچاوەی گرتووه.

هەرچەند فرۆید دان بەوه دادەنێت که ئایین گەورەترین کاریگەری لەسەر مرۆڤایەتی هەبووه، بەڵام پێیوایه که ئایین وەك نەخۆشی وەسواس مندالانه و له ئەنجامی گرێی ئۆدیپ دروست بووه که بەرهەمی پەیوەندی دوولایەنەیه (خۆشەویستی و ترس) لەگەڵ باوکدا، هەروەها دانیش بەوەدا دەنێت که باوەڕداری پابەند تا ڕاددەیەکی زۆر له مەترسی تووشبوون به نەخۆشیه دەروونییەکان، پارێزراوه، چونکه به قبولکردنی نەخۆشی دەروونی جیهانی، که مەبەستی ئایینه، بواری نەهێشتووەتەوه بۆ سەرهەڵدانی نەخۆشی دەروونی کەسی (Freud, 1961:43).

---

[1] سیگمۆند فرۆید له فرێیبێرگ که ئێستا بەشێکه له کۆماری چیك له ١٨٥٦/٥/٦ له دایك بووه، له سالی ١٩٣٩ و دوای ململانێی لەگەڵ نەخۆشی شێرپەنجەی دەم، کۆتایی به ژیانی خۆی هێنا پاش ئەوەی داوای بڕێکی زۆری مۆرفین له پزیشکەکەی کرد. فرۆید به داهێنەری قوتابخانەی دەروونشیکاری دادەنرێت. سەرچاوه:
http://www.biography.com/people/sigmund-freud

بۆچوونی فرۆم[1]

به بۆچوونی ئێزريك فرۆم، ئايين بريتييه له "هەر رێبازێك بۆ هزر وكار كه كۆمەڵه كەسێك بەشدارى تێدا بكەن، كه دەبێته چوارچێوەيەك بۆ ئاراستەكردنى تاك و بابەتێك بۆ پەرستن" كتێبى (التحليل النفسي والدين، اريك فروم، لاپەڕه ٢٥). فرۆم بڕواى وايه پێويستيى مرۆڤ بۆ رێبازێكى هاوبەش بۆ ئاراستەكردن و بابەتێك بۆ پەرستن، پێويستييەكى رەگداكووتاوى مرۆييه، بۆيه بەلاى ئەو، مرۆڤ پێويستيى ئاينى هەيه، ئينجا پرسيارەكه ئەوه نييه كه مرۆڤ ئاينى هەيه، يان نا، بەڵكو قسه لەسەر جۆرى ئاينەكەيەتى: ئايا ئاينێكه يارمەتى مرۆڤ دەدات پەره به خۆى بدات و توانا شاراوەكانى بەدياربخات، يان ئاينێكه مرۆڤ تووشى ئيفليجى دەكات؟

فرۆم ئاينەكان دابەش دەكاته سەر دوو جۆر: ئاينه مرۆڤدۆستەكان (Humanitarian) و ئاينه سەپێنەرەكان (Authoreterian)، جەوهەرى ئاينه سەپێنەرەكان بريتييه له ملكەچى بۆ هێزێكى سەرووى مرۆڤ، لەم جۆره ئايينانه مرۆڤ وەك بوونەوەرێكى لاوازى بێ بەها وێنا دەكرێت له بەرانبەر خودايەكى خاوەن هێز و دەسەڵاتێكى بێسنوور، لەم جۆره ئايينانه گەورەترين تاوان سەرپێچيكردنه. ئاينى مرۆڤدۆست، به

---

[1] ئێريك فرۆم له ١٩٠٠/٣/٢٣ له شارى فرانكفۆرت له ئەڵمانيا له دايكبووه و له ١٩٨٠/٣/١٨ له شارى مورالتۆ له سويسرا كۆچى دوايى كردووه. سەرچاوه:
http://www.britannica.com/biography/Erich-Fromm

پێچەوانە، دەربارەی مرۆڤ وھێزیەتی. بە پێی ئەم جۆرە ئاینە، مرۆڤ
پێویستە پەرە بە توانا عەقلییەکانی خۆی بدات بۆ ئەوەی لە خۆی بگات ولە
پەیوەندی خۆی بە خەڵك بگات، و شوێنی خۆی لە جیهان بدۆزێتەوە، ئەگەر
ئامانجی ئاینە سەپێنەرەکان هێنانەدی هەستکردنە بە بێتوانایی، ئامانجی
ئاینە مرۆڤدۆستەکان هێنانەدی هەستکردنە بە بەهێزیی، بۆیە مرۆڤ لە
ئاینە مرۆڤدۆستەکان دڵخۆشە، بەڵام لە ئاینە سەپێنەرەکان غەمبارە و
هەست بە تاوان دەکات (لاپەڕە ٣٨). هەروەها فرۆم پێیوایە کە دەکرێت لە
نێو خودی یەك ئایندا ئاینێکی مرۆڤدۆست و ئاینێکی سەپێنەریش هەبێت
(لاپەڕە: ٤٢). لە ڕووی دەروونییەوە، فرۆم لەو بڕوایەدایە کە ئەو
مرۆڤانەی خاوەن ئاینێکی سەپێنەرن، خاوەن کەسایەتیەکی مازۆشین،
واتە تام و چێژ لە ئازاردانی خۆیان وەردەگرن. (لاپەڕە: ٥٢)

بۆچوونی ئێلیس [1]

ئەلبێرت ئەلیس یەکێکە لەو دەروونزانانەی کە لە ماوەی نیو سەدە لە
تویژینەوە و کاری کلینیکی گۆڕانکاری زۆر بەسەر بۆچوونیدا هاتووە
سەبارەت بە ئاین. ئەلبێرت ئەلیس لە کتێبی (The Case Against
Religion) لاپەڕە (٥)دا نووسیویەتی:

---

[1] ئەلبێرت ئەلیس لە شاری پتیسبێرگ لە ساڵی ١٩١٣ لە دایکبووە، لە ٢٠٠٧/٧/٢٤ لە
ئەمریکا کۆچی دوایی کردووە و بە داهێنەری شێوازی چارەسەر عەقڵانی دادەنرێت.

"ئێستا، ئایا ئایین، که لای من مانای ئەو بڕوایەیە که لەسەر ڕاستی دانەمەزراوە، یان پشتبەستنە بە خوداوەندێکی سەرووی سروشت، یارمەتی مرۆڤەکان دەدات بۆ ئەوەی ئەو خاسیەتە دروستانە بەدی بێنن و لە ئەنجامدا خۆیان لە نیگەرانی و خەم و ڕق و کینە بە دووربگرن؟ بەدڵنیاییەوە وەڵامەکە ئەوەیە که ئایین بە هیچ شێوەیەك ئەم جۆرە یارمەتییە پێشکەش ناکات، بەڵکو لە زۆر لایەنەوە دەرووندروستی دەخاتە ژێر مەترسییەکی جیدیەوە. پێش هەموو شتێك ئایین لە خزمەتی بەرژەوەندی خودی مرۆڤ نییە، بەڵکو لە بەرژەوەندی خوداوەندە. کەسی ئاییندار پێویستە، بە حوکمی پێناسەی ئایین، خەریکی ئەوە بێت که ئایا خودا گریمانەییەکەی خۆشی دەوێت، یان نا؟ ئایا ئەو ئاییندارە کاری ڕاست دەکات بۆ ئەوەی لە ژێر نیعمەتەکانی خودا بمێنێتەوە؟ بۆیە ئەم کەسە دەبێت، لە باشترین حاڵەتدا، خۆی لە پلەی دووەمدا دابنێت و دەبێت قوربانیی بە بەرژەوەندییە گرنگەکانی خۆی بدات بۆ ڕازیکردنی ئەو خودایە، ئینجا ئەگەر ئەو کەسە ئاییندارە سەر بە یەکێك لە ئایینە ڕێکخراوەکان بێت، ئەوا دەبێت بە پلەی یەکەم فەرمانەکانی خودا هەڵبژێرێت، پاشان فەرمانەکانی کەنیسە و قەشەکان بە پلەی دووەم و بۆچوون و حەزەکانی خۆشی بە پلەی سێییەم".

هەروەها لە هەمان کتێب لە لاپەڕە (٦) دەڵێت: "ئاییندارى، تا ڕاددەیەکی زۆر، لە بنەڕەتەوە بریتیە لە مازۆخیەت (ئازاردانی خود و چێژوەرگرتن لەم ئازارە) و هەردووکیان دوو جۆرن لە نەخۆشی دەروونی". هەروەها لە لاپەڕە (١٢) دەڵێت: ئایین، تا ڕاددەیەك لە

هەموو حاڵەتەکانیدا، راستەوخۆ دژی ئامانجەکانی دەروونساغییە، چونکە لە بنەڕەتدا ئایین لە مازۆشییەت و ئاڕاستەکردن لەلایەن ئەوانی دیکە و نەبوونی لێبوردەیی، قبوڵنەکردنی گومان، بیرکردنەوەی نازانستی، خۆپاراستنی ناپێویست و خۆبەکەمزانی، پێکدێت".

ئەلبێرت ئێلیس دەڵێت (Ellis, 1992: 428) : "وابزانم من زۆر بە ڕوونی لە نووسینەکانم ئاشکرام کردووە کە ئایین، بە پێناسە ئاساییەکەی، ناعەقڵانی نییە و پەشێوی دروست ناکات، بەڵام ئەوەی من ناوی دەنێم ئایینداری توند(devout religiosity) پێدەچێت کە لە ڕووی هەڵچوونیەوە زیانبەخش بێت، من بەم شێوەیە پێناسەی ئایینداری توند دەکەم کە بریتیە لە بیروباوەڕێکی ڕەقی، ترسئاکئامێزی (pietistic) نەگۆڕ بە بوون و پشتبەستن بە هێزێکی سەرووی سروشتی، ئاسمانی، باڵا و گوێڕایەڵی و پەرستنێکی توند بۆ ئەم هێزە گریمانەییە .

لە کتێبێکی دیکەی کە لەگەڵ دوو توێژەری دیکە نووسیویەتی (Nielsen, Johnson & Ellis, 2001:55): دەڵێت: "هەرچەندە من پێشتر پێمواببوو ئایینداری، بە تایبەتیش ئایینداری توند، دژی دەرووندروستییە، بەڵام من زۆرجار بە بیرکردنەوەی خۆمدا چوومەتەوە سەبارەت بە ئایین، لەم دواییەدا گەیشتمە ئەو دەرەنجامەی کە هەڵوێست و بیروباوەڕە ئایینیەکان (هەتاکو ئەو بیروباوەڕانەی کە پەڕگیر و ڕەهاشن) دەشیٚ هەندێکجار ئەنجامی دەروونی باش بەرهەمبێنن".

بۆچوونی جێیمس [1]

وليەم جێیمس (James, n. d.) باس لە دوو جۆر لە ئایین دەكات:
"ئایینی دەرووندروست، یان (Healthy-minded) كە تیایدا چاكە،
ئەمە چاكەی ژیانی ئەم جیهانەش دەگرێتەوە، بە شتێكی جەوهەری
دادەنرێت كە بوونەوەری ژێر پێویستە گرنگی پێبدات، ئەم جۆرە ئایینە
مرۆۆ ئاراستە دەكات كە كێشەكانی لەگەڵ خراپەكانی جیهان چارەسەر
بكات، ئەمەش بەوەی كە نەیانكاتە چەق، یان فەرامۆشیان بكات لە
بیركردنەوەیدا و لە هەندێكجاریشدا نكوولی بكات كە ئەم خراپانە هەن".
(لاپەڕە:٩٧) وليەم جێیمس بە جۆری دووەم لە ئایین دەلێت: (sick soul)
واتە ڕۆح نەخۆش. بە بۆچوونی ئەو، لە بەرانبەر كەسانی دەرووندروست
كە بە مەبەست قەبارەی خراپەكاری بچووك دەكەنەوە، كەسانێك هەن كە
قەبارەی خراپەكاری گەورەتر دەكەن لەسەر بنەمای قەناعەتێك كە لایەنە
خراپەكانی ژیانمان شتی زۆر جەوهەرییەن، ئەوكات لە مانای تەواوی جیهان
تێدەگەین كە خراپە لە چەق دادەنرێت. (لاپەڕە:٩٩)

---

[1] وليەم جێیمس لە ١٨٤٢/١/١١ لە شاری نیویۆرك لە ئەمریكا لەدایكبووە و لە
١٩١٠/٨/٢٦ كۆچی دوایی كردووە، یەكێك لە فەیلەسوفەكانی قوتابخانەی پراگماتیزم و
هەندێ لە مێژوونووسانی دەروونزانی بە دامەزرێنەری دەروونزانی دایدەنێن، چونكە
یەكەم تاقیگەی دەروونی لە ئەمەریكا دروستكرد. سەرچاوە:
http://www.biography.com/people/william-james

بۆچوونی یۆنگ [1]

کارل گۆستاڤ یۆنگ (Jung,1958) پێیوایه "لەبەر ئەوەی ئایین، بە
بێ پێشبڕکێ، سەرەتاترین و جیهانیترین گوزارشتە لە هزری مرۆڤ، بۆیە
شتێکی ئاساییە که دەروونزانی، لە کاتی لێکۆلینەوەی لە ستراتکۆری
دەروونی کەسایەتی مرۆڤ، نەتوانێت خۆی دووربخاتەوە لەو ڕاستییەی که
ئایین، نەك تەنها دیاردەیەکی کۆمەڵایەتی و مێژووییە، بەڵکو مایەی گرنگ
و بایەخدانە لەلایەن ژمارەیەکی زۆر لە کەسەکان" (لاپەڕه: ٥).

هەروەها سەبارەت بە پێناسەکردنی ئایین، یۆنگ پێیوایه که ئایین
"بریتییە لە پابەندبوونێکی وریا ورد بە نومینۆسەم، که کاریگەریەکی
داینامیکییە که لە ئەنجامی کارێکی هەرەمەکی ویست بەرهەم نەهاتووە،
بەڵکو بە پێچەوانەوە کۆنترۆڵی مرۆڤ دەکات که هەمیشه دەبێتە قوربانی،
نەك دروستکەری. نۆمینۆسەم، هۆکارەکەی هەر چییەك بێت، بریتیە لە
ئەزموونێکی مرۆڤ لە دەرەوەی ویستی خۆی". (لاپەڕه: ٧)

سەبارەت بە پەیوەندی ڕۆح بە نەخۆشی دەروونی، یۆنگ
دەنووسێت: " پێویستە لە کۆتاییدا وا لە نەخۆشی دەروونی بگەین که
بریتییە لە ئازاری ئەو ڕۆحەی که هێشتا ماناکەی نەدۆزیتەوە، بەڵکو

---

١ کارل گۆستاڤ یۆنگ لە ١٨٧٥/٧/٢٦ لە سویسرا لەدایکبووە و لە شاری زیورخ لە
سویسرا لە ١٩٦١/٦/٦ کۆچی دوایی کردووە. یۆنگ شاگردی قوتابخانەی فرۆید بوو،
بەڵام لێی جیا بووەوە و قوتابخانەی دەروونزانی شیکاری دامەزراند. سەرچاوە:
http://www.biography.com/people/carl-jung

داهێنەرایەتی هەمووی لە بواری ڕۆح و لە بواری پێشکەوتنی دەروونی مرۆڤ هەڵقوڵاوی ئازاری ڕۆحە و هۆی ئەم ئازارەش وەستانی ڕۆحە لە گەشەکردن" لاپەڕە: ۳۳۰-۳۳۱.

هەروەها یۆنگ وتەیەکی بەناوبانگی سەبارەت بە گرنگیی ئایین لە ژیانی دەروونیدا هەیە کە دەڵێ: "لە ماوەی سی ساڵی ڕابردوودا، خەڵکێکی زۆر لە ولاتە پێشکەوتووەکانی جیهان پرسیان لێکردووم، سەدەها نەخۆش لە ژێر دەستم تێپەڕیوون کە زۆربەیان پرۆتستانت بوون و کەمیان جوولەکە بوون و لە کەمتر لە پێنج، یان شەش کەسیان کاسۆلیک بوون، لە نێو ئەو نەخۆشانەی کە لە نیوەی دووەمی ژیانیان بوون، واتە تەمەنیان لە سەرووی ۳۵ ساڵ بوو، یەک کەسیان تێدا نییە کە کێشەکەی لە کۆتاییدا بریتیی نەبێت لە دۆزینەوەی دیدێکی ئایینی بۆ ژیان، دروستە بلێم هەر یەکێک لەوان نەخۆشکەوتووە، چونکە ئەو شتەی لەدەستداوە کە ئایینە زیندووەکان دەیدەن بە شوێنکەوتووانیان، لە ڕاستیدا هیچیان چاک نەبوونەوە تا دووبارەبوونەتەوە خاوەن دیدێکی ئایینی" (لاپەڕە: ۳۳٤).

لە شوێنکی دیکەی کتێبەکەیدا یۆنگ دەنووسێت: "بە لای منەوە، شان بەشانی لاوازبوونی ژیانی ئایینی، نەخۆشی دەروونی بە شێوەیەکی بەرچاو زیاتر دەبێت" (لاپەڕە: ۳۳٥)

بۆچوونی ئادلەر [1]

جۆهانسن (Johansen, 2010) باس لە بۆچوونی ئادلەر سەبارەت بە ئایین دەکات و دەڵێت: "بە ڕای ئادلەر، ئایین یارمەتیدەرە لە بەیەکەوە بەستنی خەڵک لە ڕێگای پەرستش و چالاکییە ئایینەکانی دیکەدا، بۆیە ئایین یارمەتیدەرە لە پێشخستنی ژیانی کۆمەڵایەتی و بەشدارە لە مانەوەی تاک و گرووپە گەورەکان" لە لاپەڕە: ٤٣.

هەروەها ئادلەر ئاماژە بەوە دەکات کە ئەو دژایەتییانەی لە نێوان ئەو کارانەی هێزە ئایینیەکان دەیکەن و لە نێوان سروشتی بنەڕەتیان تا ڕادەیەك بەرپرسیارە لەو ڕاستییەی کە بەشێکی زۆر لە خەڵک دژایەتی ئایین دەکەن" لاپەڕە ٤٣. هۆیەکەی دیکە بۆ دژایەتیکردنی ئایین بە ڕای ئادلەر بریتییە لە خراپ بەکارهێنانی ئایین.

جۆهانسن ئاماژەش بەوە دەکات کە ئادلەر لە یەکێك لە نووسینەکانی جەخت لەسەر ئەوە دەکاتەوە کە هەر دامەزراوەیەکی ئایینی، هاوشانی بزووتنەوە کۆمەڵایەتیەکانی تر، بە بەهادار دادەنرێت ئەگەر مەبەستی خۆشگوزەرانی خەڵک بێت، هەرچەندە ئایین هێزێکی بەهادارە لە پێشخستنی ژیانی کۆمەڵایەتی وهانی تەندروستی

---

١ ئالفرید ئادلەر لە ١٨٧٠/٢/٧ لە نزیك ڤییەنا لەدایکبووە و بە هۆی نەخۆشی دڵ لە سالّی ١٩٣٦ لە سکۆتلاندا کۆچی دوایی کردووە. ئادەلەریش شاگردی فرۆید بوو، ئەویش لێی جیا بووەوە و قوتابخانەی دەروونزانی تاکەکەسی دامەزراند. سەرچاوە:

www.adler.edu/page/about/history/about-alfred-adler

وخۆشگوزەرانی دەدات، لەهەمانکاتدا ئادلەر ئاماژە بەوەش دەکات کە ئایینداری دەکرێ رۆڵی سەرەکی لە تووشبوون و بەردەوامی رەفتاری ناتەندورست لە رووی دەروونیەوە بگێڕێت". لاپەڕە: ٤٣.

بۆچوونی ماسلۆ [1]

ئەبراهام ماسلۆ لە کتێبی (ئایینەکان، بەهاکان و ئەزموونەکانی لووتکە) بۆچوونی خۆی سەبارەت بە ئایین بەم شێوەیە رووندەکاتەوە: "ئەوەی من دەیبینم لە مێژووی زۆرێک لە ئایینە رێکخراوەکان، جۆرێک لە مەیل بەرەو گەشەکردنی دوو باڵی توندرەو: باڵی سوفیگەری و تاک لە لایەک و باڵی یاسایی و رێکخراوەیی لە لایەکی دیکەوە، تێدایە، ئەو مرۆڤەی کە بە شێوەیەکی قووڵ و راستەقینە ئایینداره دەتوانێت بە ئاسانی و بە شێوەیەکی ئۆتۆماتیکی ئەم دوو باڵە تێکەڵ یەکتر بکات)(Maslow, 1964) (لاپەڕە: ٢).

لە لاپەڕە ١١ لە هەمان کتێبدا، ماسلۆ جیاوازی لە نێوان پرسیارە ئایینیەکان و وەڵامە ئایینەکاندا دەکات و دەنووسێت: "دەتوانین بڵێین

<hr>

١ ئەبراهام ماسلۆ لە ١٩٠٨/٤/١ لە شاری نیویورک لە ئەمریکا لە دایکبووە لە شاری کالیفۆرنیا لە ١٩٧٠/٦/٨ کۆچی دوایی کردووە. ماسلۆ بە یەکێک لە دامەزرێنەرانی قوتابخانەی مرۆڤدۆستی لە دەروونزانی دادەنرێت. سەرچاوە:
http://www.biography.com/people/abraham-maslow

باباى بێ بڕوا atheist لە سەدەى نۆزدەهەمدا هەڵسا بە سووتاندنى خانووەکە لە جیاتى دووبارە دروستکردنەوەى، کاتێک پرسیارە ئایینیەکان و وەڵامە ئایینیەکانى بەیەکەوە فڕێدا، چونکە وەڵامە ئایینەکانى قبوڵ نەبوو، واتە پشتى کرد لە بوارى ئایینى بە گشتى، لەبەر ئەوەى ئایینى ڕێکخراو کۆمەڵێک وەڵامى پێشکەش کرد کە باباى بێ بڕوا نەیتوانى لە ڕووى فیکرییەوە قبوڵى بکات، واتە وەڵامەکان لەسەر بنەماى بەڵگە دانەمەزرابوون و هەر زانایەکیش کە ڕێز لە خۆى بگرێت، ناتوانێت قبوڵیان بکات، بەڵام ئەوەى ئەو زانایانەى کە زیاتر پێشکەوتوون خەریکن فێرى ئەوە دەبن کە ئەگەرچى ئەوان دەبێت ڕازى نەبن بە زۆربەى ئەو وەڵامانەى کە ئایینى ڕێکخراو بۆ پرسیارە ئایینیەکان هەیانە، زیاتر ڕوون دەبێتەوە کە پرسیارە ئاییینیەکان لە خودى خۆیاندا، گەڕان بە دواى ئایین، حەز وپێویستیە ئایینەکان لە خودى خۆیاندا، بە تەواوى ڕێزیان لێ دەگیرێت لە ڕووى زانستیەوە بە حوکمى ئەوەى کە ڕەگى قووڵیان لە سروشتى مرۆڤدا داکووتاو و دەکرێ بە شێوازى زانستیى لێکۆڵینەوەیان دەربارە بکرێت و وەسف بکرێن و توێژینەوەیان لەسەر بکرێت، کەنیسەکانیش هەوڵیان داوە بە تەواوى وەڵامى پرسیارە دروستەکانى مرۆڤ بدەنەوە".

ماسلۆ هەنگاوێکى زیاتریش دەنێت و دەڵێت (لاپەڕە ۱۱): "لە ڕاستییدا دەروونزانە وجودى و مرۆڤدۆستە هاوچەرخەکان لەوانەیە ئەو کەسە بە نەخۆش، یان نائاسایى دابنێن، لە ڕوانگەیەکى وجودییەوە، ئەگەر ئەو کەسە ڕەچاوى ئەم پرسیارە ئایینیانە نەکات".

ماسلۆ لەم کتێبەیدا باس لە "ئەزموونی لووتکە"، یان Peak Expereince دەکات و دەڵێ: پێغەمبەران کەسانێك بوون کە ئەزموونی لووتکەیان کردووە، بەڵام ئەو زانا ئایینیانەی کە لە شوێنکەوتووی ئەوانن، بەڵام خەریکی لایەنی ڕێکخراوەیی و یاسای ئایینن، کەسانێکن ئەزموونی لووتکەیان نەکردووە.

لە هەمان کتێبدا ماسلۆ دەنووسێت (لاپەڕە ١٦):

"ئەگەر ئایینی ڕێکخراو بیەوێت هیچ کاریگەرییەکی کۆتایی هەبێت، دەبێت لە ڕێی ئەو هێزەیەوە بێت کە دەتوانێت لە قولایی ناخییەوە تاک بەهەژێنێت، دەشێ وشەکان بەبێ ئاگاییەوە و بەبێئەوەی کاریگەری لەسەر قولایی ناخی کەسەکە هەبێت دووبارە بکرێنەوە بەبێ ڕەچاوکردنی ئەوەی ئەو وشانە چەند ڕاستن و ماناکانیان چەند جوان بن...... ئەم ئایینانە دەکرێ لە ڕووی کاریگەرییان لەسەر مرۆڤو لەو ڕێیەشەوە، لەسەر جیهان لە ڕادەبەدەر گرنگ بن، بەڵام ئەوە تەنها ڕاست دەبێت ئەگەر ئەو مرۆڤە ئەزموونیان بکات و بە ڕاستی ژیانی پێیانەوە بەند بێت، تەنها لەو کاتەدا ئایینەکان مانا و کاریگەرییان دەبێت".

بۆچوونی ئالپۆرت [1]

گۆردن ئالپۆرت کتێبێکی به ناونیشانی: "The Individual and his religion: A Psychological Interpretation".. واته: تاک و ئاینەکەی" لێکدانەوەیەکی دەروونی" نووسییوە و تیایدا هەندێ لە بیروبۆچوونەکانی خۆی لەسەر پەیوەندی نێوان ئایین و دەروونساغی ئاشکرا کردووە. ئالپۆرت نووسیویەتی (لاپەڕه ۱۰۹):

"کرۆکی دەروونساغی و بەشێکی گەورەش لە لەشساغی، خۆی لە سروشتی بیروباوەڕی تاکەکان دەبینێتەوە، مەبەست بیروباوەڕە سەبارەت بە هەلوێستە کۆمەڵایەتیەکان لە جیهانی دونیایدا و بیروباوەڕە مەزنەکانی سەبارەت بە سروشتی ئەو بوونەوەرەی تێیدا دەژی، هەروەها ئالپۆرت پێیوایه لەگەڵ ئەوەی زانستە دەروونییەکان و ئایین زاراوەی جیاواز بەکاردێنن، بەڵام لە زۆر لە لایەنەکانیان بۆچوونی هاوشێوەیان سەبارەت بە بنەماکانی دەروونساغی و سروشتیان و چارەسەریان، هەیه.

[1] گۆردن ئالپۆرت لە ۱۸۹۷/۱۱/۱۱ لە شاری ئیندیانا لە ئەمریکا لە دایکبووه و لە ۱۹۶۷/۱۰/۹ کۆچی دوایی کردووە. ناوبانگی ئالپۆرت زیاتر لە بواری کەسایەتییه. سەرچاوه: www.britannica.com/biography/Gordon-W-Allport

سەرنجێك

ئەو دەروونزانانەی كە ئاماژەمان بە بیروبۆچوونەكانیان كرد
سەبارەت بە ئایین و ئایینداری زۆربەیان سەرقاڵی چارەسەری
دەروونی بوون و كەم پەرژاونتە سەر توێژینەوە لەم بوارەدا، بۆیە
بۆچوونەكانیان، چ لەگەڵیان بیت، یان دژی، مۆركی تیۆری پێوە
دیارە. زۆربەی زۆری توێژینەوەكان لە بواری سایكۆلۆجیای ئایین
لەم سی ساڵەی دوایدا كراوە و من لەم باوەڕەدام كە ئەگەر ئەم
دەروونزانانەی ئاماژەم بە بیربۆچوونەكانیان كرد تا ئێستا لە
ژیاندا مابوونایە، لەوانەیە وەك ئەلبیرت ئەلیس هەندێ لە
بیروبۆچوونەكانیان بگۆڕیبایە.

بەشی سێیەم

پێوانی ئایینداری

ئایینداری، به مانای مامەڵەکردنی
مەعریفی و هەڵچوون و ڕەفتاری لەگەڵ
ئایین، ئاست و فۆرمەکانی له کەسێکەوه
بۆ کەسێکی دیکه دەگۆرێت، له ژیانی
ڕۆژانەشدا بۆ نموونه بەراوردی نێوان دوو
کەس دەکەین و دەڵێین: فلان کەس
ئاییندارتره له فلان کەس، کەواته خەڵك
بۆ هەڵسەنگاندنی ئاستی ئایینداری
تاکەکان پێوەرێك بەکاردێنن.

پێوەر له سایکۆلۆجیای ئایینداریدا

پێوان بەشێکی گرنگه بۆ زۆربەی زانستەکان، چونکه به هۆیەوه
زانیاری ـ داتا ـ ی دروستمان له بواری جیاجیادا دەست دەکەوێت، بۆ
نموونه پێوانی پەستانی خوێن و پێوانی کێشی لەشی کەسێك کارێکه
پێویسته کاتێك که له تەندروستی ئەو کەسه دەکۆڵینەوه.

له بواری سایکۆلۆجیاش به هەمان شێوه پێوان پرۆسەیەکی گرنگه،
بەڵام له چەند ڕوویەکەوه جیاوازه له پێوان له زانستەکانی دیکەدا،
خاڵی سەرەکی جیاوازی لەوەدایه که ئێمه له بواری سایکۆلۆجیا
ناتوانین پێوەری ڕاستەوخۆ بەکاربێنین بۆ پێوانی بۆ نموونه زیرەکی،
یان کەسایەتی، یان ئاستی خەمۆکی و دڵەڕاوکێ، هۆیەکەشی ڕوونه،

چونکه ئهم بابهته دهروونییانه شتی ماددی نیین، وهك کێشی لهش، یان باڵابهرزی، بۆیه به شێوهیهکی ناڕاستهوخۆ ئهو کاره دهکهین، واته ههڵدهستین به پێوانی ههندێ ڕهفتار که ئاماژهن بۆ بوونی توانا، یان بوونی حاڵهتێکی دهروونی لای کهسهکه، کاتێك پێوانهکهش بهم شێوهیه دهبێت، پرسیار لهسهر جێگیری و دروستی پێوهرهکان له بواری سایکۆلۆجیا دروست دهبن، بۆیه زانستی سایکۆمهتری ههوڵدهدات ئیش لهسهر ئهو ڕێگا و تهکنیکانه بکات که دڵنیایی دهداته کهسی توێژهر له کاتی بهکارهێنانی پێوهر له توێژینهوه دهروونییهکاندا.

هود و هاوڕێکانی بڕوایان وایه که به بێ بوونی پێوانێکی دروست له توێژینهوهدا، ئهو زانیاریانهی که کۆکراونهتهوه له پرۆسهی توێژینهوهدا، بههایهکی ئهوتۆیان نابێت. له بواری سایکۆلۆجیای ئاییندا، زۆربهی ئهو پێوهرانهی بهکاردههێنرێن بریتین له جۆری ئهو پێوهرهرانهی که تیایدا کهسهکه وهسفی حال و بیروبۆچوون و ههستی خۆی دهکات. لهم جۆره پێوهرانه داوا له بهشداربوو دهکرێت که وهڵامی چهند پرسیارێك بداتهوه که بهشێوهیهکی ئهوتۆ داڕێژراون بۆ ئهوهی بتوانن ئهزموونی ئایینی و ڕۆحی جیاجیا بپێوین، له کۆتایی ساڵهکانی ١٩٩٠، هود و هاوڕێکانی ئاماژه به زیاتر له ١٢٥ پێوهر دهکهن که له بواری سایکۆلۆجیای ئاییندا بهکاردێن.

توێژهرانی دهروونی به گشتی، پێوهری ڕاپرسییان بهکارهێناوه بۆ پێوانی ئایینداری، ههندێکیان پشتیان به یهك پرسیار بهستووه،

هەندێکی دیکە پێیان باش بووە کە ڕاپرسی پێوەری ئایینداری لە
کۆمەڵێک پرسیار پێکبێت، ئەم توێژەرانەی کە کۆمەڵێک پرسیار
بەکاردێنن دەکرێن بە دوو گرووپ: گرووپی یەکەم وا تەماشای ئاین
دەکەن کە لە یەک ڕەهەند پێکدێت، بۆیە پرسیارەکانی ڕاپرسیەکەیان
یەک ڕەهەند دەپیوێت. گرووپی دووەم پێیانوایە کە ئاین فرەڕەهەندە
و پێویستە ئەم فرەییەش لە پێوەری ئایینداری ڕەنگبداتەوە.
ئەوەی ڕاستی بێت زۆربەی زۆری توێژەرانی دەروونی لە بواری
ئایینداریدا سەر بەم گرووپەن.

پێوەری ئایینداری لای موسڵمانان

ئاین بابەتێکی سەرنجڕاکێش و ئاڵۆزە لە بواری سایکۆلۆجیا و
یەکێک لە هۆکارەکانی ئەمەش دەگەڕێتەوە بۆ ئەوەی کە ئایینە
جیاجیاکان لە جیهاندا فۆڕمی جیاجیای ئاییندارییان بەرهەمهێناوە،
تاکو یەک ئاینیش چەندەها جۆر و فۆڕمی ئایینداری بەرهەمهێناوە،
بۆیە تێگەیشتن لەم دیاردەیە کارێکی ئاسان و سادە نییە، هەرچەندە
مامەڵەکردن لەگەڵ ئایینە جیاوازەکان، یان لەگەڵ توخمە
هاوبەشەکانیان، کارێکی زۆر زەحمەتە، لێکۆڵینەوە لە ئایینداری لە
چوارچێوەی یەک ئاین کارێکی ئاسانترە.
شایەنی باسە کە ئاین بە قوولی لێکۆڵینەوەی لەسەر نەکراوە لەو
سێ دەیەی دواییدا نەبێت، هەندێ لە پسپۆڕان لە بواری دەروونی
(Aten, OGardy & Worthington, 2012) پێیانوایە ئاین دەبێتە

هێزی پێنجەم له سایکۆلۆجیای سەردەمدا، لەگەڵ ئەو گرنگی پێدانەشدا، دەکریَ بگوتریَت زۆربەی ئەو توێژینەوانەی لەسەر ئایینداری له ڕوانگەی سایکۆلۆجیدا کراوە، جەختی زیاتر لەسەر ئایینی جولەکەو مەسیحی کردووەتەوە به بەراورد به ئاپینەکانی دیکه (Ghorbani, et al. 2000; Abu Raiya, 2008). پسپۆرانی سایکۆلۆجیش پێیانوایه ئاییندارى مانای جیاوازی هەیه له هەردوو کەلتووری مەسیحیەکان و موسڵمانان (Abdel-Khalek, 2013)). شتێکی ئاشکرایه که ڕۆڵی ئایین له جیهانی ئیسلامدا جیاوازە له ڕۆڵی له جیهانی مەسیحی ڕۆژئاوایی، ئەبو رەیا (Abu Raiya, 2008) پێیوایه هەرچەنده ئیسلام دووەمین گەورەترین ئاپینه له جیهاندا، بەڵام تا ڕاددەیەك ژمارەیەکی زۆر کەم له توێژینەوەی مەیدانی لەسەر سایکۆلۆجیای ئایین له نێو موسڵمانان ئەنجام دراوە، بۆیه توێژەران وای بۆ دەچن که پێویسته پێوەری تایبەت به موسڵمانان بۆ لێکۆلینەوه له سایکۆلۆجیای ئاییندارى له نێو ئەم کۆمەڵگایانەدا دروست بکرێت.

بۆ پرکردنەوەی بۆشایی نەبوونی پێوەرێکی دەروونی بۆ پێوانی ئاستی ئاییندارى له کۆمەڵگا موسڵمانەکان، کۆمەڵێك هەوڵی زانستی له وڵاتانی جیاجیا دراوە، بۆ نموونه له ئێراندا قوربانی و هاوڕێکانی (Ghorbani et al. 2000) پێوەرێکیان لەژێر ناونیشانی "پێوەری هەڵوێستی موسڵمانان بەرانبەر ئایین" بەکارهێنا که له لایەن وایلد و جۆزێڤ له ساڵی ١٩٩٧ دانراوە.

له توێژینەوەیەکی دیکەیاندا، چێن و قوربانی و ئەقبابائی (,Chen
Ghorbani, Watson and Aghbabaei, 2013) ڕەخنەیان لە
پێوەری ناوبراو گرت کە ڕەهەندی ئەزموونیی لە ئایینداری ئیسلامیدا
فەرامۆش کردووە، لە ئەنجامدا قوربانی و هاوڕێکانی (,Ghorbani
Watson, Geranmayepour and Chen, 2014) پێوەرێکیان بە
ناونیشانی "پێوەری ئەزموونی ئایینداری موسڵمانان" دروستکرد کە لە
١٥ بڕگە پێکهات.

هەر لە ئێراندا، کاڵخۆران و کەریموڵڵاهی (Kalkhoran and
Karimollahi, 2007) ڕاپرسیەکیان بۆ هەڵسەنگاندنی بیروباوەڕی
ئاینی، دروستکرد، ئەم ڕاپرسییە چەند پرسیارێکی دەربارەی بڕوابوون
بە خودا و ژیانی دوای مردن و کاریگەری بیروباوەڕو ڕەفتاری ئاینی،
ئازادی و ئارامگرتن و ئومێد و گرنگیی ئاین لە ژیاندا لە خۆگرت.
ئەحمەدی و حوسێن ئابادی (,Ahmadi and Hossein-abadi
2009) لەلایەن خۆیانەوە ڕاپرسیەکیان ئاماده کرد کە لە چەند
ڕەهەندێکی وەک ڕەهەندی ڕۆحی و ڕەهەندی ماددی و ڕەهەندی بەها
مرۆییەکان، بە ئەنجامگەیاندنی ئەرکە ئاینییەکان، پابەندبوون بە
شێوازی جلوبەرگی ئیسلامی و جێبەجێکردنی ئەرکە ئاینییەکان،
پێکهاتبوو.

لە مالیزیاش چەند هەوڵێک لەم بوارەدا دراوە، بۆ نموونه کراوس و
هاوڕێکانی (Krauss, Hamzah, Juhari & Abd. Hamid, 2005)

لیستێکیان به ناونیشانی "لیستی ئایینداری ـ که‌سایه‌تی موسڵمانان" ئاماده‌کرد.

جه‌مال و زه‌هرا (Jamal & Zahra, 2014) لیسته‌که‌ی کراوس و هاوڕێکانی له پاکستان به‌کارهێنا، هه‌ر له مالیزیادا، عاشور و هاوڕێکانی (Achour, Grine, Mohd Nor and Mohd Yusoff, 2014) پێوه‌رێکیان بۆ پێوانی ئایینداری لای مالیزییه‌کان دروستکرد که له دوو ڕه‌هه‌ندی سه‌ره‌کی پێکهاتبوو: ڕه‌هه‌ندی بیروباوه‌ڕ و ڕه‌هه‌ندی په‌رستش و نوێژکردن.

له ئیندۆنیسادا، فرێنچ و هاوڕێکانی (French et al. 2008) ئاییندارییان پێوا به به‌کارهێنانی لیسته‌یه‌ك له‌و ڕه‌فتارانه‌ی له موسڵمانی ئیندۆنیسی چاوه‌ڕوان ده‌کرێت، وه‌ك به‌ڕۆژووبوون و خوێندنه‌وه‌ی قورئان و چوون بۆ مزگه‌وت بۆ نوێژکردن.

له وڵاتانی عه‌ره‌بیشدا کۆمه‌لێك هه‌وڵ دراوه بۆ ئاماده‌کردنی پێوه‌ری ئایینداری، بۆ نموونه له سعودیه‌دا، البلیخی (Albelaikhi, 1997) پێوه‌رێکی دانا به ناونیشانی "پێوه‌ری ئایینداری موسڵمان" و له‌م کاره‌دا پشتی به خوێندکارانی زانکۆ به‌ست و پێوه‌ره‌که‌ش له شه‌ش ڕه‌هه‌ندی ئایینی پێکهاتبوو: کردار، به‌ها کۆمه‌لایه‌تیه‌کانی ئاین، بڕوابوون به بنه‌ما سه‌ره‌کییه‌کان، پێویستی که‌س به ئایین، پشت به‌ستن به ئاڕاسته‌کردنی کرداری وقبوڵکردن بێ پرسیارکردن.

له کوه‌یتیش أحمد عبدالخالق (-Abdel-Khalek, 2007; Abdel Khalek & Naceur, 2007) ته‌نها یه‌ك بڕگه‌ی به‌کارهێنا بۆ پێوانی

ئایینداری جەوهەری لای عەرەبی موسلّمان. گلیون و بلجومیدی
(Tiliouine and Belgoumidi, 2009) پێوەرێکیان بە ناونیشانی
"پێوەری گشتگیر بۆ ئایینداری ئیسلامی" بۆ موسلّمانەکانی جەزائیر
دروستکرد، ئەم پێوەرە لە ٦٠ برگە پێکهات و چوار بواری گرتەخۆی:
باوەڕی ئایینی، کرداری ئایینی، خۆنەویستی ئایینی، دەولّەمەندی
ئەزموونی ئایینی.

صالح (Salleh, 2012) بڕوای وایە ئایینداری ئیسلامی لە پێنج
ڕەهەند پێکدێت:

١. ڕەهەندی خودایی، یان ئاسمانی :(Divinistic) بریتییه لە
ئاشنابوون بە چەمکی "خودا" و ڕەنگدانەوەی ئەم چەمکە لە
هەلّسوکەوتی تاک.

٢. ڕەهەندی باوەڕ: واتە قبوللکردنی کۆمەلّێک بنەمای نەگۆڕ کە
بەشێکە لە سیستمی باوەڕی ئایینی تاکدا.

٣. تێکەلّکێشی گشتگیر: مەبەست لێی تێکەلّکردنی سێ جۆر لە
پەیوەندییە: پەیوەندییەکی ستوونی لە نێوان خودا و مرۆڤ و
پەیوەندییەکی ڕوو لە ناوەوە، واتە پەیوەندی مرۆڤ بە خودی خۆیەوە،
پەیوەندی ئاسۆیی کە مرۆڤەکان بە یەکتر و بە سروشت دەبەستێتەوە.

٤. ڕەهەندی کاتی: ئاماژە بە گەشتی مرۆڤ دەکات لە ژیانیدا.

٥. ڕەهەندی ئامرازگیری: مانای بەکارهێنانی مرۆڤە بۆ گشت
کردارەکانی وەک ئامرازێک بۆ پەرستن.

پێوەری ئایینداری لای کورد

لە کوردستانی عێراقیش، (البواری، ٢٠١٣) پێوەرێکی بۆ پێوانی پابەندبوونی ئایینی لای موسڵمانان وەک بەشێک لە تێزی دکتۆراکەی لە زانکۆی سەلاحەددین، دروستکرد. ئەم پێوەرە لە ٦٠ برگە پێکدێت و لە بنەرەتدا لەسەر خوێندکارانی زانکۆ جێبەجێ کراوە. شایەنی باسە ئەم پێوەرە، رەهەندەکانی پابەندبوونی ئایینداری دیاری نەکردووە، بۆیە دەکرێ وای بۆ بچین کە ئەم پێوەرە تاکرەهەندانە تەماشای ئەم جۆرە پابەندبوونە دەکات. لە هەڵسەنگاندنی بۆ پێوەرەکانی ئایینداری لای موسڵمانان، ئەلمونەوەر (El-Menouar, 2014) ئاماژە بە بوونی پێنج کێشەی سەرەکی دەکات:

کێشەی یەکەم: لەوەدایە کە تەماشای ئایینداری ئیسلامی دەکرێت وەک ئەوەی تاکرەهەند بێت.

کێشەی دووەم: لەوەدایە هەندێ لەم پێوەرانە لە پێوەری مەسیحییەوە وەرگێردراون بە بەکارهێنانی زاراوەی ئیسلامیەوە.

کێشەی سێیەم: لەوەدایە ئەنجامی توێژینەوەکان لە چوارچێوەی چەمکی رۆژئاوایی، یان مەسیحی بۆ ئایینداری لێکدەدرێنەوە.

کێشەی چوارەم: بریتیە لە بەکارهێنانی هەندێ لە ئاماژە کە پەیوەندییان بە ئاییندارییەوە نییە.

کێشەی پێنجەمیش بریتیە لە کەموکورتی لە لایەنی ئاماری سەبارەت بە جێگیری و دروستی پێوەرەکان.

سەبارەت بە چەمکی ئایینداری، سەرۆگلۆ (Saroglou, 2011) مۆدێلێک پێشنیاز دەکات کە لە چوار ڕەهەند پێکدێت: بڕوا، پەیوەندی، ڕەفتار، ئینتیما. بە بۆچوونی سەرۆگلۆ ئەم ڕەهەندانە، ئەگەرچی پەیوەندییان بە یەکەوە هەیە، بەڵام لەیەکتر جیاوازن و دروستە دەرهەق گشت ئایینەکان و کەلتوورەکان. ئەم ڕەهەندانە دەشیٚ لە ڕووی ناوەڕۆک و گرنگی و چۆنییەتی پەیوەندییان بە یەکدیەوە جیاوازن بن، ئەمەش فۆرمی جیاواز لە ئایینداری بەرهەمدێنێت لە ئایین و کەلتووره جیاجیاکاندا.

لەبەر نەبوونی پێوەرێکی فرەڕەهەند بۆ ئایینداری بە زمانی کوردی، بە پێویستم زانی هەوڵ بدەم بۆ دروستکردنی پێوەرێکی ئایینداری بیٚ ئەوە کەموکورتیانەی کە لەسەرەوە ئاماژەم پێکرد، ئەم هەوڵەش لە دوو تویٚژینەوەدا بوو:

تویٚژینەوەی یەکەم دۆزینەوەی بڕگەکانی پێوەر بوو لەگەڵ دەستنیشانکردنی ڕەهەندەکانی ئایینداری لە نێو کوردی موسڵماندا بۆ دروستکردنی پێوەرێک، هەروەها هەوڵ درا جێگیری ئەم پێوەرەش دەستنیشان بکرێت، لە تویٚژینەوەی دووەمدا، پێوەره دروستکراوەکە بەکارهێنرا و بە دوو پێوەری دیکە بەراورد کرا.

لە تویٚژینەوەی یەکەمدا، کۆی ٢٤٩ خوێندکار لە زانکۆی کۆیە بەشداربیان کرد کە تەمەنیان لە نێوان ١٨ تا ٢٥ ساڵ بوو، واتە گەنج بوون. ڕێژەی کچان (٥٤. ٣ ٪) کەمێک لە ڕێژەی کوڕان (٤١. ٨ ٪) زیاتر بوو، لە دوای پێداچوونه بە پێوەری جیاجیا لە بواری ئایینداریدا، چل

برگه، یان پرسیار کۆکرایەوه، شەش لەم برگانه به شێوەیەکی "نێگەتیڤانه" درێژرا، بۆ وەڵامی هەر برگەیەك، یان پرسیارێك پێنج بژارده پێشکەش کرا، له شێوەی پێوەری لیکەرت و بەم شێوەیه: هەرگیز (٠)، کەمجار (١)، هەندێکجار (٢)، زۆرجار (٣)، وهەمووجار (٤). پێدانی نمرەکان بۆ پرسیار وبرگه نێگەتیڤەکان پێچەوانه دەبێتەوه.

پاش بەکارهێنانی تەکنیکی (شیکردنەوەی فاکتەرەکان) ١٦ له برگەکانی ئەو ڕاپرسییەی که ئامادەم کردبوو له ژێر چوار فاکتەر (یان چوار ڕەهەند) کۆبوونەوه: (فاکتەری پەیوەندی لەگەڵ خودا، فاکتەری پابەندبوون به ڕێنماییه ئایینیەکان، فاکتەری ئینتیما و فاکتەری لێبوردن و خۆشەویستی) پەیوەندییەکی مانادار له نێوان ئەم چوار فاکتەره تێبینی کرا.

فاکتەری پەیوەندی لەگەڵ خودا سێ برگەی خۆ که دەربارەی: (سوپاسگوزاری نیعمەتەکانی خودا و هەوڵدان بۆ بەدەستهێنانی ڕەزامەندی خودا و نوێژکردن به ڕێکوپێکی) بوون. ئەو برگانەی که له ژێر فاکتەری پابەندبوون به ڕێنماییه ئایینەکان بوون بریتی بوون له (پابەندبوون به ڕێنماییەکانی ئایین سەبارەت به ڕوخسار و جلوبەرگ، دوورکەوتنەوه لەو شتانەی خودا پێی ناخۆشه، هاوڕێیەتیکردنی ئەو کەسانەی که ئاییندارن، دوورکەوتنەوه له شتی حەرام، به ئەنجامگەیاندنی پەرستشه سووننەتەکان و دوعاکردنی ڕۆژانه)، سێیەم فاکتەر، که ناوی نرا ئینتیما، برگەکانی دەربارەی: (خۆشەویستی ئەو

کەسانەی کە ئاییندارن، گرنگیی ئاین بۆ تاک و کۆمەڵگا، بیرکردنەوە لە
لێپرسینەوە لە رۆژی دوایی، باشترکردنی پابەندبوونی ئایینی و
پشتبەستن بەخودا) بوون. فاکتەری چوارەم، کە ناومان نا لێبوردن و
خۆشەویستی، برگەکانی باسی ئەمانەی دەکرد: هیوا بە لێخۆشبوونی
خودا، پاککردنەوەی دەروون لە تاوانەکان، و خۆشەویستی ئەوانی دیکە
لە پێناو خودا.

ئەنجامی توێژینەوەی یەکەم لەگەڵ ئەو مۆدێلە ناگونجێت کە
سارۆگلۆ (Saroglou, 2011) پێشنیازی کردووە، ئەم جیاوازیەش
لەوانەیە ئاماژەیەك بێت کە ئەم مۆدێلەی سارۆگلۆ گشتگیر نییە و
زەحمەتە ببێتە چەترێك بۆ ئایینداری لە گشت ئایینەکاندا، بۆ نموونە
یەکەم فاکتەر لە توێژینەوەکەدا بروا بە خودا نەبوو، بەڵکو دەربارەی
چۆنیەتی پەیوەندی نێوان مرۆڤ و خودا بوو، وا پێدەچێت کە بروا بە
بوونی خودا پێداویستیەکی سەرەکی ئاییندارییە نەوەك رەهەندێك بێت
لە رەهەندەکانی، واتە بروا بە بوونی خودا، یان بروانەبوون بە بوونی،
مرۆڤی بروادار لە بێ بروا جودا دەکاتەوە، بەڵام مرۆڤەکان بە پێی فۆرم
و ئاستی ئاییندارییان لێك جودا ناکاتەوە، بێجگە لەم نموونەیە، چەند
جیاوازییەکی دیکەیش تێبینی کرا لە نێوان ئەنجامەکانی ئەم توێژینەوە
و مۆدێلەکەی سارۆگلۆ، کە لێرە بواری ئەوە نییە بە درێژی ئەم
بەراورده بکەین.

لە توێژینەوەی دووەمدا هەوڵدرا پەیوەندی لە نێوان پێوەری
ئایینداری و هەریەك لە پێوەری هارڤارد بۆ شادی و پێوەری فشاری
درك پێکراو، بدۆزرێتەوە، بۆ ئەم مەبەستەش ٢٢٠ خوێندكار لە زانکۆی
کۆیە و زانکۆی ڕاپەرین بەشدارییان کرد لە پڕکردنەوەی هەر سێ
ڕاپرسییەکە، تەمەنی خوێندکارانی بەشداربوو لە نێوان ١٩ ساڵ تا ٣٧
ساڵ بوو و ڕێژەی کچان کەمێك لە ڕێژەی کوڕان زیاتر بوو.

ئەنجامی ئەم توێژینەوە دەریخست کە پەیوەندییەکی ڕاستەوانە
"پۆزەتیڤ" لە نێوان شادی و ئایینداری هەیە، واتە هەرچەندە ئاستی
ئایینداری بەرزتربێت، ئاستی هەستکردن بە شادی زیاتر دەبێت وبە
پێچەوانەش. هەروەها پەیوەندیەکی پێچەوانە (یان نێگەتیڤ) لە نێوان
ئایینداری وفشاری دەروونی هەیە، واتە هەرچەندە ئاستی ئایینداری
بەرزتر بێت، ئاستی فشاری دەروونی نزمتر دەبێت وبە پێچەوانەش. لە
نێو ڕەهەندەکاندا، ڕەهەندی پەیوەندی بە خوا بەهێزترین پەیوەندی
نیشاندا لەگەڵ هەستکردن بە شادی و هەستکردن بە فشاری دەروونیدا.

بە شێوەیەکی گشتی، ئەنجامی ئەم دوو توێژینەوەیە دڵنیامان
دەکاتەوە لە جێگیری و دروستی ئەو پێوەرەی ئامادەمان کرد بۆ
پێوانی ئایینداری لای تاکی کورد، دەکرێ توێژینەوەی دیکە لە
داهاتوودا ئەم پێوەرە بەکاربێنن هەم بۆ ئەوەی زیاتر ڕۆشنایی بخەنە
سەر دروستییەکەی و هەم بۆ دۆزینەوەی پەیوەندی لە نێوان ئایینداری
و لایەنەکانی دیکەی دەروونییدا.

جۆرەکانی ئایینداری لە قورئاندا

قورئانی پیرۆز، کە سەرچاوەی سەرەکی ئایینی ئیسلامە، لە چەند شوێنێک باسی ئایینداری دەکات، هەرچەندە وشەی "ئایینداری" کە بە زمانی عەرەبی بەرانبەر "تدین" دێت، بەو مانایە لە قورئاندا نەهاتووە. تویژەران پەنا دەبەنە بەر وشەی نزیک لەم وشەیە کە لە قورئاندا زۆر باسی لێوە کراوە بۆ نموونە وشەی **"متقي"** یان **"محسن"** و هەوڵیانداوە ئەو خاسیەتانەی خراونەتە پاڵ **"متقي"** و **"محسن"**ەکان، بە هەمان شێوەیە بە خاسیەتی مرۆڤی ئاییندار ئەژماری بکەن، وابزانم ئەم ڕێبازە زۆر دروست نییە، چونکە ئەم دوو سیفەتە باس لە ئاستێکی تایبەتی و نموونەیی ئایینداری دەکەن کە بەرزە و ڕەنگە زۆربەی مرۆڤە ئاییندارەکان نەگەنە ئەم ئاستە.

سەبارەت بە جۆر و فۆرمەکانی ئایینداری لە قورئاندا، چەند تێبینیەکی تایبەتی خۆم هەیە و پێم خۆشە بیخەمە بەردەستی خوێنەر بۆ ئەوەی ببێتە بابەتێکی پێشنیازکراو بۆ گفتوگۆی زانستی، نەک وەک بۆچوونێکی کۆتایی، بۆیە ئەم تێبینیانە دەشێ هەڵە بن و پێویستیان بە پێداچوونەوە هەبێت، بەڵام دەشکرێ دروست بن ویارمەتیدەر بن لە تێگەیشتنێکی ڕوونتر سەبارەت بە ئایینداری لە ئیسلامدا.

ئایەتی (وَإِذَا غَشِيَهُمْ مَوْجٌ كَالظُّلَلِ دَعَوُا اللَّهَ مُخْلِصِينَ لَهُ الدِّينَ فَلَمَّا نَجَّاهُمْ إِلَى الْبَرِّ فَمِنْهُمْ مُقْتَصِدٌ...) (لقمان: ٣٢) باس لە جۆرێك لە ئایینداری دەکات کە بە بارودۆخێکەوە بەستراوە، واتە کاتێك کەسەکان

٥٩

لەناو کەشتیەکن و لەناکاو شەپۆلی گەورەی دەریا تووشی ترسیان دەکات، لەو کاتەدا کەسەکان بە دڵسۆزییەوە (دَعَوُا اللَّهَ مُخْلِصِينَ) لە خودا دەپاڕێنەوە، واتە کەسەکان جۆرێک لە ئاییندارە لەو بارودۆخەدا نیشان دەدەن، بەڵام کاتێک بارودۆخەکە گۆڕا، ئایینداری ئەم کەسانەش دەگۆڕێت (فَمِنْهُمْ مُقْتَصِدٌ).. کەواتە جۆرێک لە ئایینداری بەندە بە بارودۆخ و بە پێی (مفهوم المخالفة) هەندێ کەس ئایینداریان بە بارودۆخ بەند نییە، واتە ناگۆڕێن بە گۆڕانی بارودۆخ، بۆیە دەکرێ بە پێی تەوەری بارودۆخ باس لە دووجۆر لە ئایینداری بکەین: ئایینداری (عارض) و ئایینداری (ثابت) جێگیر..

هەرچەنده ئایەتی (أَفَتُؤْمِنُونَ بِبَعْضِ الْكِتَابِ وَتَكْفُرُونَ بِبَعْضٍ...) (البقرة: ٨٥) باس لە بڕواهێنان دەکات، بەڵام بە حوکمی ئەوەی بڕواهێنان کڕۆکی ئایینداریە، دەکرێ ئایینداریش بەش بەش بکرێت و بەشێکی پیاده بکرێت و بەشێکی دیکه، یان بەشەکانی دیکەی فەرامۆش بکرێت و لە بەرانبەریشیدا، دەکرێ ئایینداری لای هەندێ کەس بەش بەش نەبێت و بە گشتی، یان بە (کلي) وەریبگرێت.. بەم پێیە، ئایینداری دەکرێ لەسەر تەوەری بەش/ گشت دابەش بکرێت بۆ دوو جۆر: ئایینداری پارچەیی و ئایینداری گشتی.

ئایەتی (وَمِنَ النَّاسِ مَن يَعْبُدُ اللَّهَ عَلَى حَرْفٍ فَإِنْ أَصَابَهُ خَيْرٌ اطْمَأَنَّ بِهِ وَإِنْ أَصَابَتْهُ فِتْنَةٌ انقَلَبَ عَلَى وَجْهِهِ خَسِرَ الدُّنْيَا وَالْآخِرَةَ ذَلِكَ هُوَ الْخُسْرَانُ الْمُبِينُ) (الحج: ١١) باس لە هەندێك کەس دەکات کە خودا

دەپەرستن، بەڵام بە شێوەیەکی ڕووکەشی، نەک قووڵ، بە شێوەیەک کە
ئەگەر ئەو جۆرە کەسانی تووشی ڕووداوێکی ناخۆش هاتن، ئەوا واز لە
خواپەرستییەکەیان دێنن. ئەم ڕەهەندە دەکرێ پێی بگوترێ ڕەهەندی
ستوونی لە ئایینداری، کە ئەمەش دەکرێت: قووڵ (عمیق) بێت و
دەکرێ قووڵ نەبێت (حرف)، یان سەرپێی بێت..

بەم شێوەیە دەکرێ ئایینداری بەسەر هەشت جۆر دابەش بکرێت بە
پێی سێ تەوەر: بەردەوامی، چەندی و ئاست:

جۆری ئاییندار	بەردەوامی	چەندی	ئاست
جۆری ١	کاتی	هەندێ	سەرپێی
جۆری ٢	کاتی	هەندێ	قووڵ
جۆری ٣	کاتی	هەموو	سەرپێی
جۆری ٤	کاتی	هەموو	قووڵ
جۆری ٥	جێگیر	هەندێ	سەرپێی
جۆری ٦	جێگیر	هەندێ	قووڵ
جۆری ٧	جێگیر	هەموو	سەرپێی
جۆری ٨	جێگیر	هەموو	قووڵ

ڕەهەندی کات (یان بەردەوامی) ئاماژە بۆ ئەو ماوەیە دەکات کە
مرۆڤەکە تیایدا ئایینداره، یان پابەندە بە ئایینەکەی، هەندێ کەس بۆ

ماوەیەکی کورت، وەك دەروێشێکی گەرمە تەریقەت، ئایینداری دەکات و پاشان سارد دەبێتەوە و وازی لێدێنێت. بە پێچەوانەی ئەوەش، کەسانی دیکە هەن کە پابەندبوونیان بە ئایین بەردەوامە، یان بۆ ماوەیەکی دوور و درێژە.

ڕەهەندی چەندێتی ئاماژە بۆ مەودای پابەندبوونی بە ڕێنماییەکانی ئاییینیەوە، ئایا کەسەکە پابەند دەبێت بە ئاییینەکەی بە گشتی و هەموو بوارەکان، یان تەنها پابەندە بە هەندێك لەم بوارانە؟ ئایا ڕەچاوی ئایین دەکات لە هەموو بوارەکانی ژیانیدا، یان لە چەند بوارێکی دیارییکراودا؟

ڕەهەندی چۆنیەتی (یان ئاست): ئاماژەیە بە چۆنیەتی پابەندبوونەکە: ئایا پابەندبوونەکەی سەرپێییە و ئاوێتەی ناخی کەسەکە نەبووە، بەڵکو زیاتر ڕووواڵەتی و عادەتییە؟ یان پابەندبوونەکە قووڵە و لەگەڵ ناخی مرۆڤەکە ئاوێتە بووە؟

نازانم ئەم پۆلێنکردنە چەند تێگەیشتنمان لە سایکۆلۆجیای ئاییینداری لای موسڵمانان ئاسانتر دەکات، بەڵام بیرۆکەیەکی سەرەتایی بوو و پێم باش بوو ڕوونی بکەمەوە بۆ ئەوەی ئەو کەسانەی پسپۆڕن لە بواری ئاییینی ئیسلامدا هەڵیبسەنگێنن و بزانن ئایا چەند ڕاست و دروستە، هەروەها پێم باشە ئەوە کەسانەی لە بواری سایکۆلۆجیای ئاییینداری شارەزان ڕای خۆیان دەربارەی ئەم بیرۆکەی پۆلێنکردنە بدەن.

بەشی چوارەم
ئایینداری لە قۆناغەکانی تەمەن

به حوکمی ئەوەی ئایینداری ڕەهەندی مەعریفی و
هەڵچوونی و ڕەفتاری تێدایە، بۆیە شتێکی ئاساییە
کە ئاییینداری چ لە ڕووی جۆر و فۆرم و چ لە ڕووی
ئاستەوە لە تەمەنێکەوە بۆ تەمەنێکی دیکەوە
بگۆڕێت بە پێی گەشەی مەعریفی و هەڵچوونی
کەسەکان، لەم بەشەدا هەوڵ دەدەین باس لە
گۆڕانی ئاییینداری بکەین بە پێی قۆناغەکانی تەمەنی
مرۆڤ، بە حوکمی ئەوەی زۆربەی هەر زۆری
توێژینەوەکان لە وڵاتانی ڕۆژئاوا کراوە، کە
مەسیحیەت ئاییینی زۆرینەی خەڵکەکەیە، بۆیە
پێویستە کەمێک ئاگادار بین لە گشتاندنی ئەم
ئەنجامانە لەسەر ئایین و کەلتووری جیاوازدا.

ئاییینداری لە قۆناغی منداڵییدا

ئایین ڕۆڵێکی گرنگ لە ژیانی منداڵاندا دەبینێت. دەربارەی
پەیوەندی نێوان ئایین و تەندروستی منداڵ، چیسویك و میرچیڤا
(Chiswick & Mirtcheva 2013) توێژینەوەیەکیان لەسەر
منداڵان و هەرزەکاران لە تەمەنی ٦ تا ١٩ ساڵ کرد. لەم توێژینەوەیەدا
هەوڵدرا پەیوەندی نێوان ئینتیمای ئایینی (واتە کەسەکە سەر بە چ
ئایینێکە) و گرنگی ئایین و دووبارەبوونەوەی سەردانی کەنیسە و نێوان
حاڵەتی تەندروستی گشتی و دەروونساغی.

شیکردنەوەی ئەنجامەکانی ئەم تویژینەوەیە بەدیاریخست کە پەیوەندییەکی پۆزەتیڤ، یان ئەرێیی هەیە لە نێوان ئایین و تەندروستیدا بە تایبەتی بۆ ئەوانەی تەمەنیان لە نێوان ١٢ تا ١٥ سالّە، تویژینەوەکان لەسەر ئایینداری لای مندالّان ئاماژە بەوە دەکەن کە مندالّان لە تەمەنی نێوان ٤ تا ١٢ سالّیدا بە بیّ هیچ زەحمەتیەك ئایین لە کەسانی دیکەوە وەردەگرن، تویژینەوەکان لەسەر ئەوە کۆکن کە بیرۆکە و ئەزموونی ئایینی لە قۆناغی مندالّیدا هەیە، هەرچەندە شیّوەکانی جیاوازن و لە تەمەنی ١٠ تا ١٢ سالّیدا دەگاتە لووتکە و پاشان نزم دەبیّتەوە.

زیاتر لە شەست سالّ پیّش ئیّستا، تویژینەوە لەسەر ئایینداری لای مندالّان کراوە و چەند نموونەیەك دەخەینە ڕوو کە لەلایەن ئەرگایل (Argyle, 2000) ەوە کورتکراونەتەوە (ل: ١٨ـ ١٩):

هارمس (Harms, 1944) ئاماژە بەوە دەکات کە مندالّ لە سەرەتادا خودا وەك بوونەوەریّکی مەزن ویّنا دەکات، پاشان وەك مرۆڤیّکی ڕاستەقینە، بۆ نموونە وەك باوکیّك، ویّنای دەکات.

گۆلّدمان (Goldman, 1964) چاوپیّکەوتنی لەگەلّ ٢٠٠ مندالّ کرد کە تەمەنیان لە نێوان ٦ تا ١٥ سالّ بوو و پرسیاری لیّکردن سەبارەت بە تیّگەیشتنیان لە هەندیّ ڕووداوی ناو ئینجیل وەك چیرۆکی پیّغەمبەر موسی و درەختە سووتاوەکە، مندالّان تا تەمەنی نۆ سالّی، لیّکدانەوەی ماددی بەرجەستەیی و ڕوالّەتی بۆ ڕووداوەکان دەکەن، بەلّام لە دوای تەمەنی ١٣ یان ١٤ سالّیدا، لیّکدانەوەی ڕووت و هیّمائامیّز بۆ ڕووداوەکان دەکەن.

ڤێرگۆت (Vergote, 1969) لێکۆڵینەوەکەی لەسەر کاسۆلیکەکانی بەلجیکا کرد و گەیشتە ئەوەی کە چەمکی خودا لە توندی بە دایك و باوکەوە بەندە، لە تەمەنی ٥ تا ٧ ساڵیدا منداڵان دایك و باوکیان لە خودا جودا دەکەنەوە و لە تەمەنی ١٢ ساڵیدا وێنای خودا وەك بوونەوەرێکی نادیار کە لە هەموو شوێنکدا هەیە، دەکەن، هەروەها ئاماژە بەوە دەکات منداڵان لە تەمەنێکی زووەوە نوێژ دەکەن ئەگەر فێربکرێن، بەڵام وا دەزانن کە نوێژ، یان (نزا) کاریگەرییەکی ئەفسووناوی هەیە.

پێترۆڤیچ (60) (Petrovic, 1988) منداڵی تەمەن چوار ساڵی تاقیکردەوە و پرسیاری لێکردن کە کێ شتە سروشتیەکانی وەك ئاسمان و زەوی وبەردی دروستکردووە، ٦٨٪ بڕوایان وابوو کە خوا ئاسمانی دروست کردووە و٥٣٪ بڕوایان وابوو کە بەردەکان هەر هەبوون، هەروەها کە پرسیاری لێکردن خودا چۆنە؟ لە وەڵامدا ٤١٪ گوتیان کە خودا وەك مرۆڤێکی ڕاستەقینە وایە و ٢٥٪ گوتیان کە خودا مرۆڤێکی بێ جەستەیە.

تامینێن (Tamminen, 1994) پرسیاری لە سێ هەزار منداڵی فینلەندی کرد کە تەمەنیان لە نێوان ٦ تا ٢٠ ساڵ بوو کە زۆربەیان لەسەر مەزهەبی لۆپەری پەروەردە کرابوون. کاتێك کە پرسیاریان لێکرا: ئایا هەستت کردووە خودا لێت نزیکە؟ ٩٥٪ لە منداڵە بچووکەکان بە (بەڵێ) وەڵامیان دایەوە، بەڵام ئەم ڕێژەیە بە زیادبوونی تەمەن کەم

دەبێتەوە. هەمان ڕێژه لەو مندالآنه هەستیان کرد که خوا ئاڕاستەی ژیانیان دەکات بە تایبەتی لە کاتی ناخۆشی و ترسدا.

چامبەرلین و هۆڵ .Chamberlain, T. J. & A. Hall, C. A (2000) بە کورتی باسی قۆناغەکانی گەشەکردنی بڕوا دەکەن لە قۆناغە جیاجیاکانی تەمەنی مرۆڤ بە پێی بیردۆزی جێیمس فۆڵەر. جێیمس فۆڵەر باس لە شەش قۆناغ دەکات بۆ گەشەکردنی بڕوا (ئیمان) بە پێی گەشەی تەمەنی مرۆڤ، بەم شێوەیه:

یەکەم: Primal Faith واته بڕوای سەرەتایی، یان بەرایی: ئەم قۆناغه مامەڵه لەگەڵ گەشەکردنی ئەو متمانەیه دەکات که لە میانەی پەیوەندییەکی دوولایەن لەگەڵ دایک و باوک، دەوروبەر و کەسانی دیکه دروست دەبێت، پاشان زەمینه بۆ گەشەکردنی چەمکی خودا خۆش دەکات، ئەمەش لە قۆناغی شیرەخۆری روودەدات.

دووەم: Intuitive-Projective Faith واته بڕوایەك لەسەر بیرنەکردنەوە و ڕەنگدانەوە دروست بووبێت: ئەم قۆناغه جەخت لەسەر ئەندێشه (خەیاڵ) دەکات که بە هۆی چیرۆکەکان و هێماکان دەوروژێنرێت و هێشتا لۆجیك سنووری بۆی دانەناوه، لەم قۆناغەدا خاسیەتی سەرەکی بڕوا بیرکردنەوەی ئەفسوونراوی و خەیاڵ، ئەم قۆناغه لە سەرەتایی قۆناغی منداڵیدا بەدیار دەکەوێت.

سێیەم: Mythic-Literal Faith واته قۆناغی بڕوای ئەفسانەیی و ڕووکەشی: ئەم قۆناغەش لە قۆناغی تەمەنی منداڵی سەرهەڵدەدات، مندالآن لەم قۆناغەدا تونای بیرکردنەوەی لۆجیكیان گەشه دەکات و

دەست دەکەن بە پۆلێنکردن و ڕێکخستنی جیهان بە پێی پۆلێنەکانی
هۆ، شوێن، کات، دەتوانن لە ڕوانگەی کەسانی تر تێبگەن و پەی بە
ماناکانی ژیان و چیرۆکەکان ببەن. ئەم قۆناغە دەبێتە هۆی
بەدەستخستنی بڕوایەک کە ڕووالەتی بێت و بە شێوەیەکی سەرەکی
هەمان ئەو بڕوایە بێت کە دایک و باوک هەیانە.

چوارەم: Synthetic-Conventional Faith   واتە بڕوایەکی
ئاوێتەبوو و تەقلیدی، ئەمەش لە قۆناغی هەرزەکاریدا سەرهەڵدەدات،
لەم قۆناغەدا توانا مەعریفییەکانی مندالْ گەشەی زیاتر دەکات کە
ئەمەش یارمەتی مندالْ دەدات بۆ ئەوەی ڕوانگەی کەسانی دیکە بە
هەند وەربگرێت و وێنە جیاجیاکانی خودی خۆی لە چوارچێوەی
شوناسێکی تۆکمە ڕێکبخات، ناوەڕۆکی بڕوا لەم قۆناغەدا هێشتا هەر
تەقلیدیە و هاوشێوەی بڕوای دایک و باوک و هاوڕێیان و کەسایەتییە
گرنگەکانە.

پێنجەم: Individuative-Reflective Faith واتە بڕوایەکی تاکی
و دامەزراو لەسەر بیرکردنەوە: ئەم قۆناغەی بڕوا لە قۆناغی تەمەنی
لاویدا دەبێت، لێرەدا تاکەکان بە شێوەیەکی ڕەخنەگرانە بیر لە
بیروباوەڕ و بەهاکانیان دەکەنەوە و خۆیان وەک بەشێک لە سیستمێکی
کۆمەڵایەتی فراوانتر دەبینن، لەم قۆناغە دەبنە خاوەن بڕوای خۆیان و
لەلایەکەوە دەسەڵات دەبێتە هێزێکی ناوەکی و لەلایەکی دیکەوە
بەرپرسیاریەتی، هەڵبژاردنی پابەندبوون و بیروباوەڕ و ئایدیۆلۆجیا
وشێوازی ژیانیان، هەڵدەگرن، ئەم قۆناغە گومان و پرسیارکردن و

هەندێکجار رەتکردنەوەی بیروباوەڕی تەقلیدیش دەگرێتەخۆی. بە
بۆچوونی فۆلەر ئەم جۆرە بیرکردنەوەیە ڕێخۆشکەرە بۆ ئەوەی
کەسەکە ڕەخنەیەکی وریایانە لە پابەندبوونی خۆی بگرێت لە بواری
پەیوەندییەکان و بواری پیشەیدا.

شەشەم: Conjunctive Faith ئەم قۆناغە لە نیوە تەمەندا
سەرهەڵدەدات. ئەم قۆناغە مۆرکی پارادۆکسی (شتی دژەیەك) تێدایە
کە تیایدا مرۆڤ باوەش بۆ جەمسەریەتی لە ژیانیدا دەکاتەوە کە
یەکێکیان بریتییە لە پێویستی وەرگرتنی لێکدانەوەی جیاواز بۆ واقیع،
وەرگرتنی هێما و چیرۆك، مەجاز و ئەفسانە.

حەوتەم: Universalizing Faith ئەم قۆناغەش لە ناوەڕاستی
تەمەندا سەرهەڵدەدات، بە پێی بۆچوونی فۆلەر، زۆربەی کەسەکانە
ناگەنە ئەم قۆناغە کە لەسەر بنەمای یەکبوون لە هێزی بووندا
دامەزراوە، واتە ئەو کەسانە دەگەنە ئەم قۆناغە وا تەماشای دید و
پابەندبوونی خۆیان دەکەن کە ئازادیان دەکات لەوەی کە وەبەرهێنان
لە بواری خۆشەویستیدا بکەن و خۆیان تەرخان بکەن بۆ زاڵبوون بەسەر
پەرتەوازەیی و چەوساندنەوە و توندوتیژی و هەوڵدان بۆ بەرژەوەندی
گشت مرۆڤایەتی لە دادپەروەری و خۆشەویستیدا. (لا ١٢–١٤)

بیردۆزی قۆناغەکانی گەشەکردنی بڕوا لای فۆلەر گەلێك ڕەخنەی
لێگیراوە. هەندێ لەم ڕەخنانە بە کورتی لە خوارەوە باس دەکەین کە
هود و هاوڕێکانی ئاماژەیان پێکردووە (83 :Hood, et al. 2009)

١. ئەو چەمکانەی فۆلەر بەکاریانی هێناوە ئالۆزن و تێگەیشتنیان زەحمەتە.

٢. ئەم بیردۆزە نەیتوانیوە تویژینەوەی ئیمپریقی تۆکمە بەرهەم بێنێت.

٣. فۆلەر نەیویستووە شیکردنەوەی ئاماری بۆ ئەنجامەکانی بکات و ئەو کارانەی فەرامۆش کردووە کە لە بواری سایکۆلۆجیای ئایین کراون.

٤. بیردۆزەکە زیاد لە پێویست و بە شێوەیەکی بەڵگەنەویستانە پشتی بە گەشەکردنی لۆجیکی بەستووە.

پێویستمان بە تویژینەوەی زانستی هەیە لە سەر کەسانی موسڵمان لە قۆناغی تەمەنی جیاجیادا، بۆ ئەوەی بزانین ئایا ئەم بیردۆزە لەسەر موسڵمانانیش جێبەجیّ دەبێت، یان تایبەتە بە مەسیحییەکان کە سامپڵی سەرەکی بوون بۆ پەرەپێدانی ئەم بیردۆزە، تا ئەم جۆرە تویژینەوە زانستیانە نەکرێن لەسەر ئەم بابەتە، ناتوانین گشتاندن بۆ ئەم بیردۆزە بکەین.

ئایینداری لە قۆناغی هەرزەکاری و گەنجیدا

قۆناغی هەرزەکاری یەکێکە لە قۆناغە هەستیارەکانی ژیانی مرۆڤ، ستانلی هۆڵ ناوی لەم قۆناغە ناوە: قۆناغی تەنگژە و پەشەبا، لەبەر ئەو گۆڕانکارییە گەورە و لەناکاوانەی لە بواری جەستەیی و دەروونی و عەقڵییەوە بەسەر هەرزەکاندا دێت.

پسپۆڕانی دەروونی هەر لە زووەوە درکیان بە گرنگی قۆناغی هەرزەکاری کرد سەبارەت بە گەشەکردنی ئایینداری، ئەوەتا ستانلی

هۆڵ، که پێشەنگە لە بواری توێژینەوە لە بواری هەرزەکاریدا، پێیوایە که قۆناغی هەرزەکاری ماوەیەکی زۆر گرنگە بۆ گەشەکردنی ئایینداری و رۆحانیەت، (هۆڵ) قۆناغی هەرزەکاری وەک لەدایکبوونێکی نوێ دەبینێت که هاوکات کێشە دەروونییەکان و گۆڕانی ئایینی تێدا زیاد دەکات بە هۆی سەرهەڵدانی فاکتەری جینسی و فاکتەری بایۆلۆجی دیکه (لاپەڕه: ٢٦٠).

هەروەها نیلسن پێیوایە پەیوەندی نێوان گۆڕانکاری رۆحی و ئایینیەکان لە قۆناغی هەرزەکارییەوە لەگەڵ لایەنەکانی گەشەی دەروونی لە رێگای گەشەکردنی شوناسەوە دێتەدی (لاپەڕه: ٢٦٣). جێیمس مارشیا لەسەر تەوەری "گەڕان" و"پابەندبوون" ئاماژە بۆ چوار جۆر لە شوناس دەکات:

جۆری یەکەم لە شوناس بریتییە لە "دەسکەوت" که کەسەکە لە رووی پابەندبوون و گەڕان لە ئاستێکی بەرزدایه.

جۆری دووەم لە شوناس بریتییە لە "داخراوی" که خاوەنەکەی لە رووی پابەندبوونەوە لە ئاستێکی بەرزدایه بەبێ گەڕان.

جۆری سێیەم لە شوناس بریتییە لە "هەڵوەسراوەیی" که تیایدا کەسەکە لە گەڕاندا لە ئاستێکی بەرزدایه، بەڵام پابەند نەبووه بە شتێك.

جۆری چوارەم لە شوناس بریتییە لە "پەرتی" که تیایدا کەسەکە نە دەگەڕێت و نە پابەندیشه به هیچ شتێك.

سەبارەت به پەیوەندی نێوان ئایین و شوناس، نێلسن پێیوایه که
ژیانی ئایینی کاریگەری لەسەر دروستبوونی شوناس هەیه،
بەشدارییکردن له گرووپی ئاییندا که تیایدا ئەندامی ئەم گرووپه فێری
سیستمێکی دیارییکراو دەکرێ بۆ لێکدانەوەی ڕەفتار که یارمەتی
گەشەپێدانی شوناس دەدات به تایبەتی ئەوانەی گەڕان بەدوای ئاسایش
لایان گرنگه (لاپەڕه: ٢٦٥).

بیردۆزەی فێربوونی کۆمەڵایەتی که ئەلبرت بەندۆڕا پێشنیازی
کردووه به چوارچێوەیەکی گونجاو دانراوه بۆ لێکدانەوەی ئایینداری،
ئەم بیردۆزه جەخت لەسەر تێبینیکردن و فێربوون له کەسانی دیکه
دەکات، به پێی ئەم بیردۆزه نموونەی کەسانی ڕۆحانی، یان ئاییندار،
ئینجا چ له ڕابردوو بن، یان له ئێستادا، یان کەسانی گرنگ بن له ژیانی
کەسەکه که ڕۆڵی سەرەکییان له گەشەکردنی ڕۆحی و ئایینیدا هەیه.

کاریگەری دایك و باوك

هود و هاوڕێکانی ئاماژه به ژمارەیەکی زۆر له تویژینەوه دەکەن که
لێکۆڵینەوەیان لەسەر کاریگەری دایك و باوك لەسەر ئاستی ئایینداری
مندالەکانیان کردووه، به شێوەیەکی گشتی وادیاره ڕۆڵی دایك
کاریگەرییەکی زیاتر هەیه له باوك لەسەر ئایینداری مندالەکاندا
هەرچەنده هەندێ له تویژینەوەکانی دیکه ئاماژه به کاریگەری دایك و
باوك لەسەر مندالەکانیان که هەمان ڕەگەزن، واته کاریگەری دایك
لەسەر کچان و هی باوك لەسەر کوڕەکان، دەکەن.

وێرای ئەوەش تویژینەوەکان ئاماژە بەوە دەکەن کە کاریگەری دایك و باوك گەورەترە سەبارەت بە لایەنی دیاری ئایینداری، بۆ نموونە چوون بۆ کەنیسە، بە بەراورد بە لایەنە شاردراوەکانی ئایینداری، وەك هەڵوێست بەرانبەر ئایینی مەسیحیەت. لاپەرە: ١١٥

ژمارەیەك لە تویژینەوەکان، کە هود و هاوڕێکانی ئاماژەیان پێدەکەن، گەیشتوونەتە ئەو ئەنجامەی جۆری پەیوەندی نێوان دایك و باوك و مندالەکانیان تا ڕاددەیەکی زۆر کاریگەری لەسەر پرۆسەی بە کۆمەلایەتیکردنی ئایینی هەیە(religious socialization)   لاپەرە: ١١٧.

ئەگەر پەیوەندی نێوان دایك و باوك ومندالەکانیان باش بێت، بەو مانایەی کە پەیوەندییەکی نزیك و گەرموگورڕ، کەمتر مندالەکان دژی ئایین دەوستنەوە، بۆیە ئەو دایك و باوکانەی کە دەیانەوێت مندالەکانیان ڕەوتێکی ئایینی لە ژیانیاندا پیادە بکەن، پێویستە پەیوەندییان لەگەڵ مندالەکانیان لە ئاستێکی زۆر باشدا بێت، ئەگینا ئەو بەرهەمەی چاوەڕوانی دەکەن، دەستیان ناکەوێت، جیاوازی دایك و باوك لە فۆڕم و ئاستی ئایینداری کاریگەری لەسەر لایەنی دەروونی مندالەکانیان هەیە.

سەبارەت بە پەیوەندی نێوان ئاستی ئایینداری دایك و باوکان لەگەڵ دەروونساغیی مندالەکانیان لە پێش قۆناغی هەرزەکاری، کۆمەلێك تویژەر لە هۆلەندا (Jagt-Gelsma, Vries-Schort, Jong, Verhulst, Ormel, Veenstra, Swinkels & Buitelaar 2011) لەم بابەتەیان کۆلیەوە. سامپلی تویژینەوەکە پێکهات لە ٢٢٣٠ مندالێ لە تەمەنی ١٠ تا

١٢ سالّیدا، بۆ کۆکردنهوهی زانیاری پێویست، زانیاری له خودی مندالّهکان و دایك و باوکیان و مامۆستاکانیان کۆکرایهوه. خالّێکی گرنگی دیکهیش لهم توێژینهوهیه دۆزینهوهی کاریگهری نارێکی دایك و باوك له ئاستی ئاییندارییدا (واته جیاوازییان لهم بوارهدا).

ئهنجامی توێژینهوهکه دهریخست کاریگهری ئاییندارى دایك لهسهر بهدیارکهوتنی نیشانه ناوهکیهکان بهنده به بوونی نارێکی (جیاوازی) ئاییندارى له نێوان دایك و باوك، کورهکان زیاتر نیشانهى دهرهکییان لهسهر بهدیارکهوت کاتێك جیاوازی ئاییندارى له نێوان دایك و باوکیاندا ههبووایه، له دهرهنجامدا، توێژهران ئاماژهیان بهوه کرد که ئاییندارى دایکان و باوکان و بوونی جیاوازی له نێوانیاندا کاریگهری لهسهر دهروونساغی مندالّهکانیان له قۆناغی پێش ههرزهکاریدا ههیه.

کاریگهری هاورێییان

توێژهران له بواری قۆناغی ههرزهکارییدا (بۆ نموونه: دێیسی، تراڤێرز وفیۆر (Dacey, Travers & Fiore, 2009:326) جهخت لهسهر ڕۆلّی گرنگی هاورێییان لهسهر کهسایهتی ههرزهکار دهکهن، به بهراورد به کاریگهری دایکان و باوکان هاورێییان کاریگهرییان لهسهر ئاستی ئاییندارى ههرزهکار کهمتره. توێژینهوهکان ئاماژه بهوه دهکهن که کاریگهری هاورێییان لهگهلّ کارگێرى سیستمی فێرکردن تێکهلّ یهکتر دهبن.

ههندێکی دیکه له توێژهرهکان ئاماژه بهوه دهکهن که کاریگهری هاورێییان لهسهر ههندێ لهلایهنهکانی ئاییندارى لاوازه، وهك جێبهجێکردنی

ئەرکە ئایینیەکان، بەڵام کاریگەرییان لەسەر هەندێ لایەنی دیکە بەهێزە، بە تایبەتی ئەوەی پەیوەندی بە بەشداربوونە لە چالاکییە بە کۆمەڵەکان (Hood et. a. 2009: 118).

کۆمەڵێک فاکتەری دیکە هەن کە کاریگەرییان لەسەر گەشەکردنی ئایینی لای هەرزەکار هەیە، وەک سیستمی فێرکردن، دامەزراوەی ئایینی، بۆ نموونە مزگەوت لە ئیسلام و کەنیسە لە مەسیحیەت، رەوشی کۆمەڵایەتی و ئابووری و رۆڵی خوشک و برایان لە خێزاندا، قەبارەی شار، هۆیەکانی راگەیاندن و خوێندنەوە و هی دیکەیش.

سەبارەت بە لێکدانەوەی گەشەکردنی ئایینی لای هەرزەکار، هود و هاورێیەکانی ئاماژە بە مۆدێلی ئۆزۆراک (Ozorak) دەکەن کە ناوی دەنێن: گریمانی بەجەمسەربوون، مۆدێلی ئۆزۆراک جەخت لەسەر لایەنی کۆمەڵایەتی ـ مەعریفی دەکات لە پرۆسەی بەکۆمەڵایەتیبوونی ئایینیدا. بە پێی ئەم مۆدێلە ئەو هەرزەکارانەی کە ئاستی ئاییندارییان بەرزە، لەگەڵ گەشەکردنیان ئاستەکەیان بەرزتر دەبێتەوە، بە پێچەوانەشەوە ئەو هەرزەکارانەی ئاستی ئایینداریان نزمە، لەگەڵ گەشەکردنیان ئەم ئاستە نزمتر دەبێتەوە و هەرزەکارەکە لە ئایین دوورتر دەبێتەوە.

بە حوکمی ئەوەی ئەم توێژینەوانە لە کۆمەڵگای رۆژئاوایی کراوە، ئەگەری ئەوە هەیە زەحمەت بێت گشتاندن بە ئەنجامەکانی لەسەر کۆمەڵگاکانی دیکە بکەین، بەهەرحاڵ، ناکرێ رۆڵی هاورێیان لە گەشەکردنی ئایینی هەرزەکاران بەهەند هەڵنەگیرێت، ئەگەرچی کاریگەرییەکەشی کەم بێت.

ئایینداری لای پێگەیشتووان:

سەبارەت بە گۆڕانکاری لە ئایینداریدا لای پێگەیشتووان تۆێژینەوەکان ئاماژە بە ئەنجامی جیاجیا دەکەن، هەندێکیان پێیانوایە لەم تەمەنەدا گۆڕانکاری جۆریی لە ئایینداری ڕوودەدات کە هەندێکجار دەگاتە ئاستی گۆڕینی ئایین، هەندێکی دیکە لە تۆێژەران باس لەوە دەکەن ئایینداری لەم تەمەنەدا دەگاتە لووتکەی و زاراوەی "ئایینداری پێگەیشتوو"ی بۆ بەکاردێنن.

هەندێ لە تۆێژەران پێیانوایە لەگەڵ جێگیر بوونی باری کۆمەڵایەتی کەسی پێگەیشتوو، بۆ نموونە کاتێک خێزان پێکدێنێت و باری ئابووری کاتێک دەبێتە خاوەن پیشەیەک و داهاتێکی جێگیر، لەگەڵ جێگیربوونی باری دەروونی کەسی پێگەیشتوو، ئاییندارییەکەشی جێگیر دەبێت.

بە پێی ئەو زانیارییانەی لە ماوەی نێوان ١٩٧٢ تا ٢٠٠٦ لە ویلایەتە یەکگرتووەکانی ئەمەریکا لەلایەن General Social Survey کۆکراوەتەوە، وا بەدیار دەکەوێت کە ڕەهەندەکانی بڕواهێنان و نزاکردن و چوون بۆ کەنیسە لە نێوان ئەو کەسانەی تەمەنیان لە نێوان ١٨ بۆ ٣٩ ساڵە بە بەراورد بەو کەسانەی تەمەنیان لە نێوان ٤٠ بۆ ٥٠ ساڵە زیادی کردووە. زۆرترین زیادەش لە بواری نزاکردن و چوونە بۆ کەنیسە (Hood et al,2009: 143).

سەبارەت بە گەشەکردنی ئایینداری لای پێگەیشتووان چەند بیردۆزێک پێشنیاز کراوە، لە خوارەوە باسی دوو لەم بیردۆزانە دەکەین.

بیردۆزی گەشەی پۆستفۆرمالٛ

ئەم بیردۆزە لەلایەن سینۆت (Sinnott) پێشنیاز کراوە و بڕوای وایە مرۆڤەکان لە دوای قۆناغی فۆرمالٛ، کە لای پیاجیٛ دوا قۆناغە، بۆ قۆناغی پۆستفۆرمال، یان دوای فۆرمالٛ گەشە دەکەن. بیرکردنەوە، یان لۆجیکی پۆستفۆرمالٛ بوارمان پێدەدات کە زانیارییە دژ بە یەکەکان ڕێکبخەین، بە تایبەتی ئەو زانیارییانەی کە پەیوەندییان بە مەسەلە ڕۆحی و ئایینییەکانەوە هەیە، ئەم هەنگاوەش گرنگ بۆ گەشەکردنی ڕۆحانیەتێکی پێگەیشتوو. بیرکردنەوەی پۆستفۆرمال بواری ئەوەشمان پێدەدات کە دان بە سنوور بۆچوونەکانماندا بنێین و قبولٛی شتی پێچەوانەی یەکتر بکەین و دان بەوەشدا بنێین کە لەوانەیە هەندێ شت هەر بە نەزانراوی بمێنێتەوە و ئێمە نەتوانین پەی پێیان ببەین (Nelson,2009: 302-303).

بیردۆزی هەلٛبژاردنی عەقلٛانی

ئەم بیردۆزە، کە لەلایەن لۆرێنس ئیناکۆن (Lawrence Iannaccone) پێشنیاز کراوە، پێیوایە ئایین شتێکە کۆمەلٛە شتێک بەرهەمدەهێنێت، وەک ڕەزامەندی تاکەکەسی و قەرەبووەکان بۆ کۆمەلٛێک پاداشت کە مرۆڤ ئارەزوویان دەکات وەک نەمری. بە پێی ئەم بیردۆزە خەلٛک بە شێوەیەکی عاقلانە ڕەفتار دەکەن و بڕیار دەدەن بە شێوەیەک کە زیاتر قازانج بکەن و لەبەر ئەوەی سەرمایەی ئایینی لە هەندێ گرووپدا

داواکراوه، خەڵک هەوڵ دەدەن کە ئینتیمای ئاینیان نەگۆڕن، بۆ ئەوەی ئەو بەهایەی لە ئەنجامی ئەم ئینتمایە دەستیانکەوتووە، لە دەستی نەدەن. ئەم بیردۆزە بەکارهاتووە بۆ تەفسیرکردنی چەند دیاردەیەکی ئاینی بۆ نموونە مانەوەی ئاینینداری لە ویلایەتە یەکگرتووەکانی ئەمریکا لە ئاستێکی بەرز ولەهەمانکاتدا دابەزینی ئاینینداری لە وڵاتانی ئەوروپادا (Nelson, 2009: 291-292).

ئاینینداری لای بەساڵاچووان

هەرچەنده جیاوازی لە نێوان توێژەران هەیە سەبارەت بە دەستنیشانکردنی ئەو تەمەنەی کە پێی دەگوترێت بەساڵاچوون، یان بە زمانی ئینگلیزی ((Elderly، بەڵام بە گشتی تەمەن لە دوای شەست ساڵیەوە بە قۆناغی بەساڵاچوون دادەنرێت.

ویتبۆڕن و ویتبۆڕن (Whitbourne & Whitbourne, 2011:14) پێیانوایە ئاین فاکتەرێکی کاریگەرە لە بواری گەشەکردن لە قۆناغی گەورەییدا، بەڵام لەگەڵ ئەوەشدا وەك پێویست تۆژینەوەی زانستی پێویستی لەسەر نەکراوە.

هود و هاوڕێکانی (۱۷۵) Hood et al. 2009 ئاماژە بە ئەنجامی ڕاپرسی گاڵوپ دەکەن کە نیشانی دەدات گرنگی ئاین لە شێوەیەکی ڕێك لەگەڵ زیادبوونی تەمەن، زیاتر دەبێت. بۆ نموونە کاتێک ڕێژەی ٤٧٪ لەو کەسانەی تەمەنیان لە نێوان ۱۹ تا ۲۹ ساڵ پێیانوایە کە

ئایین گرنگیەکی زۆری لە ژیانیانداهەیە، ڕێژەی ٪٧٢ لەو کەسانەی تەمەنیان لە سەرووی ٦٥ ساڵ باوەڕیان بەوەیە کە ئایین زۆر گرنگە لە ژیانیاندا.

مێیسنهێلدەر و چاندلەر (٢٠٠٢ Meisenhelder & Chandler) تویژینەوەیەکیان کرد بە بەکارهێنانی ڕومالّی پۆست بۆ دۆزینەوەی پەیوەندی نێوان ڕۆحانیەت و لەش ساغی و دەروونساغی. سامپلّی تویژینەوەکە ٢٥٠ بەسالّاچوو کە تەمەنیان لەسەرووی ٦٥ ساڵ بوو لەخۆگرت.

ئەم تویژینەوەیە بەراوردی لە نێوان دووبارەبوونەوەی نزاکردن، گرنگی بیروباوەڕ (ئیمان) لای کەسەکە، پشتبەستن بە ئایین لە پرۆسەی هەلّکردندا و پەیوەندی بە هەشت لە جۆرەکانی تەندروستی و دەرووندروستییدا ئەنجامدا.

ئەنجامی تویژینەوەکە دەریخست کە نزاکردن، بیروباوەڕ و هەلّکردنی ئایینی پەیوەندییەکی پۆزەتیڤی بەهێزیان تەنها بە دەرووندروستییەوە هەیە، نەك بە حەوت جۆرەکانی دیکەی تەندروستی شیکردنەوە ئاماریەکان ئاماژەیان بەوەدا کە گرنگی بیروباوەڕ بەهێزترین پەیوەندی هەبوو لەگەلّ دەرووندروستی پۆزەتیڤ ئەگەرچی کاریگەری هەندێ لە گۆڕاوە گرنگەکانیش کۆنترۆلّ بکرێت وەك: تەمەن و ئاستی خوێندن، ئەم تویژینەوەیە بەدەریدەخات کە لای بەسالّاچووان گرنگترین گۆڕاوە ڕۆحانییەکان کە پەیوەندی بە دەرووندروستییەوە هەبێت، هەلّوێستی کەسەکەیە، نەك کردارەکانی.

سەبارەت بە ڕۆڵی ئاین لای بەسالاچووان، هود و هاوڕێکانی (١٧٦ Hood et al. 2009:) لەو بڕوایەدان بە حوکمی تەمەنیان، بەسالاچووان دووچاری کێشەی جەستەیی و کۆمەلایەتی و دەروونی جیاجیا دەبنەوە، ئاینینیش لە پڕۆسەی خۆگونجاندن و ڕووبەڕووبوونەوەی ئەو کێشانە بە سێ ڕێگ یارمەتی بەسالاچووان دەدات: پێدانی مانا، بەهێزکردنی هەستی کۆنترۆڵکردن، ڕێزگرتن لە خود.

نێلسن (Nelson, 2009:303) پێیوایە لە تەمەنی بەسالاچووندا، بەسالاچوو دەیەوێت لەگەڵ ژیانی ڕابردووی ئاشت ببێتەوە. ئاینینیش، لە ڕێگای هاندانی لێخۆشبوون و لێبوردن، یارمەتی بەسالاچوو دەدات لەم ئاشتبوونەوەیەدا، هەروەها نێلسن لەو بڕوایەدایە کە لەیەکچوونێکی زۆر لە نێوان بەسالاچووان هەیە کە سەر بە ئاینینی جیاجیان، بۆ نموونە ئاماژە بە توێژینەوەیەك دەکات کە لە نێو بەسالاچووانی موسڵمان و مەسیحی و هیندۆسی سەنگافوره کراوه، بەدیاریخستووه گشت گرووپەکان بە زۆر کرداره ڕۆحانیەکان دەکەن، وەك: نزا و نوێژ و زیکر بۆ ڕووبەڕووبوونەوەی کێشەکانی بەسالاچووندا، بەسالاچووه موسڵمان و مەسیحییەکان بەشداری خواپەرستی بە کۆمەڵ دەکەن، لە کاتێکدا بەسالاچووه هیندۆسەکان کەمتر جەخت لەسەر لایەنی ئەخلاق و ڕەوشت دەکەنەوە، بەسالاچووه موسڵمانەکان زیاتر گرنگییان بەوه دەدا کە ببنه نموونه بۆ نەوەکانی داهاتوو.

مامەڵەکردن لەگەڵ ئەو بابەت و رووداوانەی پەیوەندییان بە مردنەوە هەیە، بوارێکی دیکە کە وا لە هەندێ لە بەسالاچوون دەکات زیاتر گرنگی بە ئاین و ئایینداری بدەن، ئایینەکان بە گشتی روونکردنەوەیەک پێشکەش دەکەن سەبارەت بە مردن و دوای مردن کە دڵنیاییبەخش بێت، بەسالاچوو حاڵاتی لەدەستدانی کەسانی خۆشەویست و نزیک لە خۆی دەبینێت، هەندێ لە بەسالاچووان ئایین بەکاردێنن وەك ئامرازێك بۆ هەڵکردن لەگەڵ ئەم دەستدانانە.

لەو بەشەی کە هەندێك لە توێژینەوەکان کورت دەکەینەوە سەبارەت بە پەیوەندی نێوان ئایینداری و هەندێ کێشەی دەروونی، ئاماژە بە چەندەها توێژینەوە دەکەین کە باس لە گرنگی و رۆڵی ئایینداری لە ژیانی بەسالاچوواندا دەکەن.

وێرای کاریگەری ئاین لەسەر دەروونساغی، هەندێ لە توێژینەوەکان باس لە کاریگەری ئایینداری لەسەر لەشساغیش دەکەن، بۆ نموونه سەبارەت بە پەیوەندی نێوان چالاکی ئایینی تایبەت و باری جەستەیی بەسالاچووان، هالێی و هاوڕێکانی (Haley, Koenig & Bruchett 2001) سالّی ۱۹۸٦ توێژینەوەیەکیان کرد، ژمارەی بەشداربووان گەیشتە ۳۸٥۱ کەس کە تەمەنیان لەسەرووی ٦٥ سالّ بوو، ەلّامی چەند پرسیارێکیان دابووە دەربارەی نزاکردن، زیکرکردن و خوێندنەوەی ئینجیل.

بە پێی ئەنجامی ئەم توێژینەوەیە، ئەو کەسانەی کە ئاماژەیان بەوە کردبوو کە رۆژانە چالاکی ئایینی تایبەتیان کردووە و ئەوانەی هەرگیز

ئەم جۆرە چالاکییەیان نەکردووە، زیاترین ژمارەی کێشەی جەستەییان هەبوو، ئەو کەسانەی کە هەفتەی جارێک نزا، یان زیکریان کردووە، کەمترین کێشەی جەستەییان هەبووە.

تویژەران ئەم ئەنجامەیان بەوە لێکداوە کە کاتێک کێشە جەستەییەکان زیاد دەبن، چالاکییە ئاینەکانیش لە ئەنجامدا زیاد دەبن، کاتێک چالاکییە ئایینییەکان زیاد دەبن، کێشە جەستەییەکانیش زیاد دەبن.

تویژینەوەیەکی دیکە لە سەر پەیوەندی نێوان ئایین و ڕۆحانییەت و حاڵەتی تەندروستی بەسالاچووە نەخۆشەکان لەلایەن دالێمان و پێرێرا و ستودینسکی (Daaleman, Perera and Studenski 2004) کراوە. ئەم تویژینەوە ٢٧٧ کەسی بەسالاچووی نەخۆشی لە شاری کەنساس گرتەخۆی و ئەنجامەکەی ئەوەی بەدیارخست ئەو کەسانەی ئاستی ڕۆحانییەتیان بەرز بوو، نەک ئاستی ئاییندارییان، زیاتر تەندروستی خۆیان بە (باش) هەلدەسەنگاند، بۆیە تویژەران دەگەنە ئەو دەرئەنجامەی کە ڕۆحانیەت فاکتەرێکی ڕوونکەرەوەی باشە بۆ حاڵەتی تەندروستی، وەک بەسالاچووان گوزارشتی لێدەکەن.

به‌شی پێنجه‌م
په‌یوه‌ندی نێوان ئایینداری و ده‌روونساغی

لەم بەشەدا باس لە کورتە مێژوویەك دەکەین کە مرۆڤایەتی لە مێژووی کۆندا چۆن مامەڵەی لەگەڵ نەخۆشی دەروون و نەخۆشدەروونەکان کردووە، ئینجا ئاماژە بە چەند تویژینەوە دەکەین کە پەیوەندی نێوان ئایینداری و هەندێ کێشەی دەروونی و کۆمەڵایەتی پیین دەکەنەوە.

کورتەیەکی مێژوویی:

هەرچەندە زانیارییمان دەربارەی شێوازی مامەڵەکردن لەگەڵ رەفتاری نائاسایی لە کۆمەڵگەی کۆن و پێش مێژوودا کەمە، دیارە باب و باپیرانمان تەماشای رەفتاری لادەریان کردووە وەک بەرهەمی هێزێکی دوور، یان لەسەرووی سروشت، بۆ نموونە جوڵەی ئەستێرەکان، تۆڵەی خوداوەند، یان کاری جنۆکە خراپەکان (Bootzin, Acocella & Alloy, 1993:8).

دیارە مرۆڤ لە شارستانییەکانی چین و میسر و عیبرانی وگریکەکان، وەک لە نووسراوەکانیان تێبینی دەکرێت، هۆکاری رەفتاری نائاساییان خستۆتە پاڵ خواکان و دێو و جنۆکە کە دەچنە نێو لەشی مرۆڤ و تووشی ئەم رەفتارەی دەکەن (Butcher et al, 2008:10).

بابلیەکانیش لە میسۆپۆتامیا (بلاد الرافدین) هەمان ئەم بیروڕایەیان هەبووە سەبارەت بەم دیاردەیە (صالح، ٢٠٠٥: ١٧).

بوچەر و هاوڕێکانی (Butcher et al, 2008:10) ئاماژە بەوە دەکەن کە بڕیاردان لەسەر سروشتی ئەم جنۆکەیە و ئایا ئەو جنۆکەیەی کە چووەتە نێو لەشی کەسەکە جنۆکەیەکی باشە، یان خراپە؟ بەند بوو بەو نیشانانەی لەسەر بابای تووشبوو بەدیار دەکەوت، ئینجا ئەگەر ڕەفتار و گوفتاری کەسەکە گرنگییەکی ئایینی، یان تەسەوف هەبووایە ئەوا خەڵک پێیوابوو ئەو جنۆکەیەی چۆتە نێو لەشی کەسەکە جنۆکەیەکی باشە، بۆیە بە ترس و ڕێزەوە تەماشای ئەم جۆرە کەسانەیان دەکرد و وایاندەزانی توانای لە سروشتبەدەریان هەیە.

دیاردەی چوونی جنۆکە بۆ ناو لەشی مرۆڤ لە زمانی ئینگلیزی پێی دەگوترێت: (Possession) وبە زمانی عەرەبیش پێی دەگوترێت (تلبس) لە کوردیش هەندێکجار دەڵێن جنۆکەی دەستی لێ وەشاندووە، بەڵام زۆربەی حاڵەتەکانی "تلبس" وا تەماشای دەکرا کە بە هۆی خوایەکی تورە یان گیانێکی خراپ دروست بووە بە تایبەتی کاتێک مرۆڤە زیاد لە پێویست چالاک بووایە و هەندێک ڕەفتاری بکردبایە کە پێچەوانەی ئایین بووایە. لای جولەکەکان "تلبس" یان دەستوەشانی جنۆکە مانای تووڕەیی وتۆڵەی خودایە. لە تەوراتدا هاتووە کە پێغەمبەر موسا، سەلامی خوای لێبێت، گوتوویەتی: "خودا تووشی شێتیتان دەکات". هەروەها لە ئینجلیشدا هاتووە کە پێغەمبەر عیسا، سەلامی خوای لێبێت، پیاوێکی چاککردۆتەوە کە "گیانێکی پیس"ی هەبووە وپاش ئەوەی ئەو شەیتانانەی (جنۆکانەی) کە تووشی ببوون

گوێزرانەوە بۆ ناو مێگەلە بەرازێک کە "بە تووندی لە بەرزایەکەوە خۆیان فڕێدا ناو ڕووبار" (Butcher et al, 2008:11).

ئەگەر هۆی نەخۆشی دەروونی، یان ڕەفتاری نائاسایی، چوونی جنۆکە بێت بۆ نێو لەش، ئەوا شتێکی مەنتقییە کە چارەسەری ئەم جۆرە نەخۆشییە دەرکردنی جنۆکەیە لەم لەشە، چ بە خۆشی بێت، چ بە ناخۆشی، پڕۆسەی دەرکردنی جنۆکە لە لەشی مرۆڤ بە زمانی ئینگلیزی پێی دەگوترێت (Exorcism). بوتزین و هاوڕێکانی (Bootzin et al, 1993: 6) ئاماژە بەوە دەکەن کە ئەم کردارە چەند تەکنیکێکی لەخۆدەگرت، هەندێکیان نەرم و ئاسان بوون، هەندێکی دیکەیان تووند و دڕندانە بوون، لە هەندێک حاڵەتدا دوعاکردن و ژاوەژاو دروستکردن و خواردنەوەی ماددەی تایبەتی بەس بوو بۆ دەرکردنی جنۆکەکە لە لەشی مرۆڤ، بەڵام ئەگەر جنۆکەکە کەللەڕەق بووایە و بە شێوازی نەرم دەرنەچووبایە دەرەوە، ئەوا شێوازی تووندی لەگەڵ بەکاردەهێنرا، بۆ نموونە کەسەکە لە ئاو نقوم دەکرا، یان دارکاری دەکرا، یان برسی دەکرا بە مەبەستی ئەوەی شوێنی جنۆکەکە، کە لەشی مرۆڤەکەیە، نارەحەت بێت، بەڵکو لێی دەربچێت.

لە هەندێک حاڵەتی دیکەدا کەللەی سەری کەسەکە کون دەکرا بۆ ئەوەی جنۆکەکە لێیەوە دەربچێتە دەرەوە، ئەم کردارەش پێی دەگوترا: Trephining (Sarason & Sarason, 1996: 35).

لە هەندێک لە کۆمەڵگا کۆنەکان، (شامان) کە کاری پزیشکی و سیحری دەکرد، ڕۆڵی ناوبژیکەری لە نێوان کەسە نەخۆشەکە و ئەو

گیانه پیسەی که چووەته نێو لەشی نەخۆشەکه دەبینی و خەلک بڕوایان وابوو که (شامان) دەتوانێت گفتوگۆ لەگەڵ گیانه پیسەکه بکات و له ڕێگای سروتی دیارییکراودا له لەشی کەسەکه بیهێنێته دەرەوه (Sarason & Sarason, 1996: 34).

له یۆناندا، هیپۆکراتس هەوڵیدا که هۆکاری تووشبوون به نەخۆشیه دەروونییەکان بگەڕێنێتەوه بۆ هۆکاری بایۆلۆجی، ئەم بۆچوونەشی کاریگەری باشی هەبوو لەسەر رۆمانەکان و پزیشکه موسڵمانەکانیش، بەڵام له سەدەکانی ناوەڕاست، ئەوروپا دووباره پەنای برده بەر لێکدانەوەی ناسروشتی، به تایبەتی ڕۆڵی جنۆکه، یان گیانی پیس، له تووشبوون به نەخۆشیه دەروونییەکاندا، بەڵام له سەدەی بیستەمەوه ئەم بیرۆکەیه تا ڕاددەیەکی زۆر له ئەوروپا نەما.

ئایینداری و کێشه دەروونییەکان :

لێرەدا هەوڵ دەدەم به کورتی ئاماژه بەو توێژینەوانه بکەم، که توانیم دەستم بکەوێت، که باس له پەیوەندی نێوان ئایینداری و هەندێ کێشەی دەروونی وەک خەمۆکی و دڵڕاوکێ و فشاری دەروونی، دەکەن. هەوڵمداوه تەنها ئەو توێژینەوانه وەربگرم که تا ڕاددەیەك تازەن، واته له دوای سالّی ٢٠٠٠ بڵاوکراونەوتەوه، هەروەها هەوڵ دەدەم تەنها ئەو توێژینەوانه وەربگرم که به زمانی ئینگلیزی نووسراون و له گۆڤاره زانستییەکاندا بڵاوکراونەوتەوه.

ئایینداری و خەمۆکی :

خەمۆکی (Depression) حاڵەتێکی دەروونییە کە کەسەکە هەست بە خەم و بێزاری دەکات و چێژ لە هیچ شتێک لە ژیانیدا وەرناگرێت، خەمۆکی نیشانەی دیکەیشی هەن و لەوانەشە ئاستی بەرز ببێتەوە و ببێتە نەخۆشی دەروونی کە لە ژێر چەتری نەخۆشییەکانی میزاج، یان (Mood Disoreders) دادەنرێت.

لە خوارەوە کورتەی ١١ توێژینەوە باس دەکەین کە لەسەر پەیوەندی نێوان ئایینداری و خەمۆکی لای گرووپە جیاجیاکان، چ لە رووی ئایینەوە و چ لە رووی تەمەن و رەگەزەوە، ئەنجامدراوە.

لۆوێنتال و سینیرێلا و ئێڤدۆکا و مێرفی (,Loewenthal Cinnirella, Evdoka & Murphy, 2001) توێژینەوەیەکیان لەسەر راو بۆچوونی چەند گرووپێکی جیاجیا لە رووی کەلتووری و ئایینیەوە لە شانیشینە یەکگرتووەکان سەبارەت بە رۆڵی فاکتەرە ئاییننیەکان لە خۆگونجاندن لەگەڵ خەمۆکی کرد. ٢٨٢ کەس بەشدارییان لەم توێژینەوەیە کرد کە ناوەندی تەمنیان ٢٥ ساڵ بوو و سەر بە ئایینی مەسیحی و هیندۆسی و جولەکە و ئیسلام و ئاییینەکانی تر بوون و هەندێکی دیکەیشیان هیچ ئاییننێکیان نەبوو. ئەنجامی ئەم توێژینەوەیە دەریخست چالاکی ئایینی یارمەتیدەر نەبوو لە خۆگونجاندن لەگەڵ خەمۆکی، بەڵام لە نێو چالاکیە ئاییینەکاندا، باوەڕ و دوعا کاریگەریترینیان بوون لە گونجاندن لەگەڵ خەمۆکیدا،

موسڵمانەکان، زیاتر لە گشت گرووپەکانی دیکە، بڕوایان بەوە بوو کە ڕێگاکانی هەڵکردنی ئاینی کاریگەرییان هەیە لەسەر خەمۆکی.

هەر سەبارەت بە پەیوەندی نێوان ئایینداری و دەروونساغی لای بەساڵاچووان، پارکەر و هاوڕێکانی (Parker et al 2003) توێژینەوەیەکیان لەسەر ١٠٠٠ کەسدا کە تەمەنیان لەسەرووی ٦٥ ساڵ بوو ئەنجامدا.

لەم توێژینەوەیەدا سێ جۆر پێوەر بۆ پێوانی ئاستی ئایینداری بەکارهات: ئایینداری ڕێکخراو، ئایینداری ناڕێکخراو، ئایین وەک ئامانج. مەبەستی توێژەرەکان دۆزینەوەی کاریگەری ئایینداری بوو لەسەر خەمۆکی و دەروونساغی گشتی.

ئەنجامی توێژینەوەکە بەدیاریخست کە ئەوانەی ئاستیان ئایینداریی بەرز بوو لەسەر هەر سێ پێوەر، نیشانەکانی خەمۆکیان کەمتر بوو بە بەراورد بەو کەسانەی کە ئاستی ئایینداریی نزم بوو لەسەر ئەم پێوەرانە، بەڵام بە شێوەیەکی تایبەتی، تەنها ئەو کەسانەی ئاستی ئایینداری ڕێکخراویان بەرز بوو ئاستی خەمۆکیان نزم بوو. ئەوانەی ئاستی ئاییندارییان لەسەر ڕەهەندی ئایینداری ناڕێکخراو، یان ئایین وەک ئامانج بەرز بوو، ئاستی خەمۆکی و دەروونساغییان نزم نەبوو.

سمیس و ماککلۆ و پۆل (Smith, McCullough & Poll, 2003) هەڵسان بە شیکردنەوەی ١٤٧ لێکۆڵینەوە کە لەسەر پەیوەندی نێوان ئایینداری و خەمۆکی ئەنجامدرابوو کە کۆی ژمارەی ئەو کەسانەی لەم لێکۆڵینەوانە بەشدارییان کردبوو گەیشتە (٩٨٩٧٥) کەس، هەموو

لێکۆڵینەوەکان ئاماژەیان بەوە کرد کە بەرزی ئاستی ئاییندارییە پەیوەندیەکی مامناوەندی لەگەڵ کەمی نیشانەکانی خەمۆکی هەیە، هەروەها هیچ لە گۆڕاوەکانی ڕەگەز، یان تەمەن، یان ڕەچەڵەک کاریگەرییان لەسەر ئەم پەیوەندییە نەبوو، بەڵام پەیوەندی نێوان ئایینداری و خەمۆکی لەو تویژینەوانە بەهێزتر بوو کە لەسەر ئەو کەسانە ئەنجامدرابوو کە بە هۆی ڕووداوەکانی ژیانی ئێستایان، ڕووبەڕووی فشاری دەروونی بوونەتەوە، هەروەها چۆنیەتی پێوانی ئایینداری کاریگەری هەبوو لەسەر پەیوەندی نێوان خەمۆکی و ئایینداری، پێوەری ئایینداری وەک ئامراز و شێوازی هەڵکردنی ئایینی نێگەتیڤ (بۆ نموونە لۆمەکردنی خودا لە کاتی ناخۆشیدا) پەیوەندی هەبوو بە ئاستی بەرزی نیشانەکانی خەمۆکی.

ئێلیاسن و تایلەر و لۆید (Eliassen, Taylor & Lloyd, 2005) تویژینەوەیان لەسەر پەیوەندی نێوان ئایینداری و خەمۆکی لای گەنجان کرد، ژمارەی ئەو کەسانەی بەشدارییان لەم تویژینەوەیە کرد ١٨٠٢ کەس بوون کە لە نێوان ساڵی ١٩٩٧ تا ساڵی ٢٠٠٠ لە ئەمەریکا چاوپێکەوتنیان لەگەڵ کرابوو.

ئەنجامی ئەم تویژینەوەیە دەریخست ئەو کەسانەی ئاستی ئاییندارییان مامناوەندییە، ئاستی خەمۆکیان بەرزترە بە بەراورد بەو کەسانەی ئاستی ئاییندارییان بەرزە، یان ئاییندار نین، بەڵام ئەم جۆرە پەیوەندییە تەنها لای ئافرەتان تێبینی کرا! بە بۆچوونی تویژەران، فاکتەری پایەی کۆمەڵایەتی ئابووری و پاڵپشتی کۆمەڵایەتی،

٩٣

دەکەونە نێوان ئایینداری و خەمۆکی، هەروەها تویژەران دەگەنە ئەو دەرەنجامەی که هەرچەندە بەکارهێنانی ئایین بۆ هەڵکردن ئاستی ناڕەحەتی کەم دەکاتەوە، ڕووبەڕووبوونەوەی ڕۆژی زەبر دەبێتە هۆی ئەوەی کەسەکان زیاتر پەنا بۆ نزاکردن ببەن بە بەراورد بەو کەسانەی ئاستی ئاییندارییان نزمە.

ئەندرسن و هاوڕێکانی (& Anderson, Marwit, Vandenberg Chibnall, 2005) تویژینەوەیەکیان کرد لەسەر پەیوەندی سێ جۆر لە هەڵکردنی دەروونی که بریتی بوون لە: هەڵکردنی کرداری، هەڵکردنی سۆزداری، خۆدوورخستنەوە) و دوو جۆر لە هەڵکردنی ئایینی که بریتی بوون لە: (هەڵکردنی پۆزەتیڤ و هەڵکردنی نێگەتیڤ) و کاریگەرییان لەسەر خەم لای ٥٧ دایك که مندالەکانیان بە هۆی مردنی لەناکاو لەدەستدابوو. ئەو ئەنجامەی که پەیوەندی بە ئاییندارییەوە هەبوو ئاماژەی بەوەدا که تێکەڵکردنی شێوازی هەڵکردنی کرداری لەگەڵ شێوازی هەڵکردنی ئایینی پۆزەتیڤ پەیوەندی هەیە بە کەمی خەم، که ئەم دایکانە دەریاندەبڕی.

خان و واتسن (Khan & Watson, 2006) لە تویژینەوەیەکدا هەوڵی دروستکردنی پێوەرێکیاندا بۆ شێوازەکانی هەڵکردنی ئایینی لای خەلکی پاکستان، هەروەها ویستیان بزانن ئەم جۆرە هەڵکردنە لای خوێندکارانی موسلمانی زانکۆ پەیوەندی بە کاردنەوە بۆ فشار هەیە؟ ١٢٩ خوێندکار بەشدارییان لەم تویژینەوەیەدا کرد و ئەنجامەکەشی

بەدیاریخست کە پەیوەندییەکی نێگەتیڤ لە نێوان پاڵنەر و حەز کردن لە ئایین لەگەڵ خەمۆکیدا هەیە.

سەبارەت بە پەیوەندی نێوان ئایینداری و خەمۆکی لای بەساڵاچووی پەنابەر و ناپەنابەر لە لوبنان، چایە و سیبای و فەیاد و رۆهیب (Chaaya, Sibai, Fayad and El-Roueiheb 2007) توێژینەوەیەکیان کرد، ٧٤٠ کەس کە تەمەنیان لە ٦٠ ساڵ زیاتر بوو لە ناوچە هەژارەکانی لوبنان و کامپی پەنابەرە فەلەستینییەکاندا بەشدارییان لەم توێژینەوەیەدا کرد.

ئەنجامی توێژینەوەکە بەدیاریخست کە ڕێژەی بڵاوبوونەوەی خەمۆکی لای بەساڵاچووان ٢٤٪ هو ڕێژەکە لای پەنابەرە فەلەستینییەکان بەرزترەو (٣١٪)ە، هەروەها ئەنجامەکان دەریانخست کە تەنها ئایینداری ڕێکخراو پەیوەندی بە خەمۆکیەوە هەبوو لای پەنابەران.

سەبارەت بە کاریگەری بیروباوەڕی ئایینی لەسەر خەمی دوای لە دەستدانی کۆرپەلە، کۆوچۆک و هاوڕێکانی (,Cowchock, Lasker Toedter, Skumanich & Koenig 2009) توێژینەوەیەکیان لەسەر ١٠٣ ئافرەت کرد دوای تێپەڕبوونی ساڵێک بەسەر لەدەستدانی کۆرپەلەیان، هیچ کام لە جۆری ئایینداری، هەڵکردنی ئایینی پۆزەتیڤ و دووبارەبوونەوەی چوون بۆ چالاکیە ئایینیەکان توانای پێشبینی ئاستی خەمی دایکە کۆرپەلە لەدەستداوەکانیان نەبوو، هەبوونی کێشەی ئایینی و هەڵکردنی ئایینی نێگەتیڤ و بەردەوامی وابەستەیی لەگەڵ کۆرپەلەکە پەیوەندییان بە توند خەمی دایکەکان هەبوو.

پێرێز و لیتل و هێنریك (Perez, Little & Henrich, 2009)
توێژینەوەیەكی درێژمەودایان لەسەر پەیوەندی نێوان ڕۆحانیەت و
نیشانەكانی خەمۆكی لای خوێندكارانی هەرزەكار كرد. ئامانجی
توێژینەوەكەیان دۆزینەوەی ڕۆڵی باوەری كەسی و هەڵكردنی ڕاستەوخۆ
لە پەیوەندی نێوان ڕۆحانیەت و نیشانەكانی خەمۆكی لای خوێندكارانی
هەرزەكار. وێڕای ئەوەش، توێژینەوەكە هەوڵی ئەوەی دا كە ڕۆڵی
رەگەز و ڕەچەلەك و قۆناغی خوێندن لەم پەیوەندییە بەدیار بخات،
سامپڵی توێژینەوەكە بریتی بوو لە ١٠٩٦ خوێندكار لە پۆلی شەش تا نۆ
لە قوتابخانەكانی حكومی باكووری ڕۆژهەڵات، لە سێ كاتی جیادا
پرۆسەی پێوانی جێبەجێ كرا، لە سەرەتای توێژینەوەكە baseline و
جاری دووەم دوای شەش مانگ و جاری سێیەم دوای ساڵێك.
یەكێك لە ئەنجامەكانی ئەم توێژینەوەیە ئەوە بوو كە ڕۆحانیەت
كاریگەریەكی ناڕاستەخۆی لەسەر نیشانەكانی خەمۆكی تەنها لای كچان
هەیە و توێژەران گەیشتنە ئەو دەرەنجامەش كە ڕۆحانیەت لەوانەیە
ئاستی خەمۆكی لای كچانی هەرزەكار كەم بكاتەوە.
دیو و هاوڕێكانی (Dew, Daniel, Goldston, McCall,
Kuchibhatla, Schleifer, Triplett & Koenig 2010)
توێژینەوەیەكیان كرد بۆ دۆزینەوەی ئەو میكانیزمانەی كە لە ڕێگایەوە
ئایین كاریگەری دەكاتە سەر خەمۆكی لای هەندێ لە هەرزەكاران كە
تووشی نەخۆشی دەروونی بوون. سامپڵی توێژینەوەكە ١٤٥ هەرزەكاری
گرتەوە كە تەمەنیان لە نێوان ١٢ تا ١٨ ساڵ بوو كە وەڵامی

راپرسییەکانی توێژینەوەکەیان داوە و پاش شەش مانگ بۆ جاری دووەم وەڵامی راپرسیەکانیان داوە. پێوەری ئایینداری/ رۆحانیەت ١٣ رەهەندی تیابوو، نۆیان پەیوەندیەکی پێچەوانەی بەهێزیان لەگەڵ ئاستی خەمۆکی هەبوو کە بریتیبوون لە: ئەزموونی رۆحیی رۆژانە، لێبووردەیی، خۆگونجاندنی ئاینی پۆزەتیڤ، پاڵپشتی ئاینی پۆزەتیڤ، ئایینداری لە چوارچێوەی دامەزراوەیی، وەسفی خود وەک ئاییندار/ رۆحانی. دوو لە رەهەندەکان پەیوەندی پۆزەتیڤیان بە خەمۆکی هەبوو کە بریتیبوون لە: خۆگونجاندنی ئاینی نێگەتیڤ، پاڵپشتی نێگەتیڤ، هەروەها یەکێکی دیکە لە ئەنجامەکانی ئەم توێژینەوەیە ئەوە بوو کە لەدەستدانی باوەڕ فاکتەرێکی پێشبینیکەر بوو بۆ چاکنەبوونەوەی خەمۆکی پاش تێپەڕبوونی شەش مانگ.

پێسیلۆ و هاوڕێکانی (& ,Peselow, Pi, , Lopez, Besada) Ishak 2014 توێژینەوەیەکیان بۆ زانینی کاریگەری رۆحانیەت لەسەر نەخۆشی خەمۆکی گەورە ئەنجامدا، ٨٤ نەخۆش بەشدارییان لەم توێژینەوەیە کرد و وەڵامی چوار راپرسییان دایەوە کە پەیوەندییان بە خەمۆکی و بێئومێدی و هەڵوێستی نادروست و رۆحانیەتەوە هەبوو.

ئەنجامەکان دەریانخست کە ئەو نەخۆشانەی لەسەرەتادا ئاستی رۆحانیەتیان بەرزبوو، نیشانەکانی خەمۆکی و بێئومێدی و هەڵوێستی نادروستیان کەمتر بوو، ئەو نەخۆشانەی بڕویان بە خوا هەبوو زیاترین گۆڕانیان لەسەر ئاستی خەمۆکی و بێ ئومێدی و هەڵوێستی نادروست لەسەر دیار بوو.

ئایینداری و دڵەڕاوکێ

به‌ کورتی دڵەڕاوکێ (Anxiety) برتییه‌ له‌ جۆرێك له‌ ترس که‌ سه‌رچاوه‌که‌ی ڕوون نییه‌. لێره‌دا کورته‌ی شه‌ش توێژینه‌وه‌ ده‌خه‌ینه‌ڕوو که‌ له‌سه‌ر په‌یوه‌ندی نێوان ئایینداری و دڵەڕاوکێ کراوه‌ به‌ شێوه‌یه‌کی تایبه‌تی. هاریس و شۆنمان و کارێرا (Harris, Schoneman, & Carrera, 200) له‌ توێژینه‌وه‌یه‌کدا هه‌وڵیاندا په‌یوه‌ندی نێوان ئایینداری و دڵەڕاوکێ له‌ نێو خوێندکارانی زانکۆ بدۆزنه‌وه‌، سامپڵی توێژینه‌وه‌که‌ له‌ ٨٥ خوێندکاری زانکۆی ئه‌مه‌ریکی پێکهات.

ئه‌نجامه‌کان ده‌ریانخست که‌ کۆمه‌ڵێك گۆڕاوی ئایینی، وه‌ك پابه‌ندبوونی ئایینی و نزاکردن و په‌یوه‌ندییکردن به‌ که‌سانی ئاییندار، په‌یوه‌ندییه‌کی نێگه‌تیڤیان به‌ خاسیه‌تی دڵەڕاوکێ (trait anxiety) هه‌بوو، توێژه‌ران ده‌گه‌نه‌ ئه‌و ده‌ره‌نجامه‌ی که‌ ئایینداری په‌یوه‌ندی به‌ نزمی ئاستی دڵەڕاوکێ گشتی هه‌یه‌. ئاردێلت (Ardelt 2003) توێژینه‌وه‌یه‌کی له‌سه‌ر کاریگه‌ری ئایین و ئامانجی ژیان له‌سه‌ر ته‌ندورستی به‌ساڵاچووان و هه‌ڵوێستیان به‌رانبه‌ر مردن کرد، ١٠٣ که‌سی به‌ساڵاچوو (که‌ ته‌مه‌نیان له‌سه‌رووی ٥٨ ساڵ بوو) به‌شدارییان له‌م توێژینه‌وه‌یه‌ کرد.

ئه‌نجامی توێژینه‌وه‌که‌ به‌دیاریخست که‌ ئامانج له‌ ژیان، نه‌ك شێوازی ئایینداری چ ناوه‌کی چ ده‌ره‌کی، په‌یوه‌ندی پۆزه‌تیڤی به‌ ته‌ندروستی به‌ساڵاچووان هه‌بووه‌ و په‌یوه‌ندییه‌کی نێگه‌تیڤی له‌گه‌ڵ ترس له‌ مردن و خۆدوورخستنه‌وه‌ لێی، هه‌بوو، هه‌روه‌ها ئه‌نجامه‌کان ده‌ریانخست که‌ ئاڕاسته‌ی ئایینداری ده‌ره‌کی په‌یوه‌ندی پۆزه‌تیڤ له‌گه‌ڵ ترس له‌ مردن

و خۆدوورخستنەوە لێی هەبوو، واتە هەرچەندە کەسەکە لەم جۆرە ئاراستەی ئاییندارییە بەهێزتر بێت، ترسی لە مردن زیاتر دەبێت و زیاتر هەوڵ دەدات خۆی لێ دووربخاتەوە، بەڵام ئاراستەی ئایینداری ناوەکی پەیوەندییەکی پۆزەتیڤی بە قبوڵکردنی مردن هەبوو، بەشداریکردن لە چالاکییە ڕۆحییەکان و ئینتیما بۆ ئایین پەیوەندییان بە تەندروستی نەبوو، بەڵکو پەیوەندی پۆزەتیڤیان بە خۆدوورخستنەوە لە مردن و ترس لە مردن هەبوو.

تویژینەوەکەی هاردینگ و هاوڕێکانی (,Harding, Flannelly Weaver & Costa, 2005) دەربارەی کاریگەری ئایین لەسەر دڵەڕاوکێی مردن و قبوڵی مردن کرد، ژمارەی ئەو کەسانەی کە بەشدارییان لەم تویژینەوەیە کرد ١٢٠ کەس بوون کە ئەندام بوون لە کەنیسەدا لە شاری نیۆیۆرك. ئەنجامی تویژینەوەکە دەریخست کە هەندێ ڕەهەندی ئایینداری پەیوەندی بە دڵەڕاوکێی مردن و قبوڵکردنی مردن هەبوو، باوەڕ بە بوونی خودا و باوەڕ بە ڕۆژی دوایی لەلایەك پەیوەندی نێگەتیڤیان بە دڵەڕاوکێی مردن هەبوو، لە لایەکی دیکەوە پەیوەندی پۆزەتیڤیان بە قبوڵکردنی مردن هەبوو.

کالخۆران و کەریمۆڵڵاهی (Kalkhoran & Karimollahi, 2007) تویژینەوەیەکیان لە ئێراندا کرد لەسەر پەیوەندی نێوان ئایینداری و دڵەڕاوکێی پێش نەشتەرگەری، سامپڵی ئەم تویژینەوەیە لە ١٥٠ نەخۆش پێکهات کە چاوەڕوانی نەشتەرگەری جیاجیا بوون. زانیاریەکان

له ڕێگای دوو ڕاپرسی کۆکرانەوە: یەکەمیان بۆ پێوانی ئاستی دڵەڕاوکێ
بوو، ئەوی دیکەیان بۆ پێوانی ئاستی ئایینداری بوو.

ئەنجامەکان بەدیاریانخست کە زۆربەی زۆری نەخۆشەکان ئاستی
ئاییندارییان بەرز بوو و ئاستی دڵەڕاوکێیان مامناوەند، هەروەها
پەیوەندییەکی پێچەوانە بەدی کرا لە نێوان ئایینداری و توندی
دڵەڕاوکێ، بەڵام ئەم پەیوەندییە لە ڕووی ئامارەوە بەڵگەدار نەبوو.

مەحمودی و عەبادی و ئەکبەرزاده (& Mahmoudi, Ebadi
Akbarzadeh, 2007) توێژینەوەیەکیان لەسەر پەیوەندی نێوان
هەڵکردنی ئایینی و ئاستی دڵەڕاوکێ لای خوێندکارانی زانکۆی ئازادی
ئیسلامی لە نێوان ساڵانی ١٩٩٩ تا ٢٠٠٠ کرد، ٣١٦ خوێندکاری زانکۆ
زانیارییان پێشکەش کرد بە پڕکردنەوەی دوو ڕاپرسی: یەکێکیان بۆ
پێوانی هەڵکردنی ئایینی و ئەوی دیکەیان بۆ پێوانی دڵەڕاوکێ بوو.

ئەنجامی توێژینەوەکە دەریخست کە زیاتر لە ٨٥٪ لە بەشداربووان
بە شێوەیەکی مامناوەند هەڵکردنی ئایینی بەکاردەهێنن، هەروەها
پەیوەندییەکی بەڵگەدار لە نێوان هەڵکردنی ئایینی و ئاستی دڵەڕاوکێ
دۆزرایەوە، ئەو کەسانەی کە بە کەمی هەڵکردنی ئایینی بەکاردێنن،
ئاستی دڵەڕاوکێیان توند بوو.

چوین و چوو (Chuin & Choo, n. d.) توێژینەوەیەکیان لەسەر
کاریگەری ئایین و ئاڕاستەی ئایینی و ڕەگەز و تەمەن لەسەر دڵەڕاوکێی
مردن لە مالیزیادا ئەنجامدا، ٣٢٠ کەس بەشداریان لەم توێژینەوەیە
کرد کە تەمەنیان لە نێوان ١٧ تا ٧٠ ساڵ بوو.

ئەنجامی توێژینەوەکە هیچ پەیوەندییەکیان بەدی نەکرد لە نێوان ئاراستەی ئایینی و ئاستی دڵەڕاوکێی مردن، بەڵام ئافرەتان ئاستی دڵەڕاوکێی مردنیان نزمتربوو و هیچ جیاوازییەك لە نێوان گرووپەکانی تەمەن و ئەم جۆرە دڵەڕاوکێیە تێبینی نەکرا.

ئایینداری و دڵەڕاوکێ و خەمۆکی :

هەندێ لە توێژینەوەکان هەوڵیانداوە پەیوەندی نێوان ئایینداری و دڵەڕاوکێ و خەمۆکی بەیەکەوە بدۆزنەوە، لە خوارەوە ئاماژە بە یەکێك لەم توێژینەوانە و ئەنجامەکانی دەکەم.

لە توێژینەوەیەکی ئەزموونی و بۆ زانینی کاریگەری جۆرێك لە چارەسەری دەروونی کە لەسەر بنەمای ڕۆحانی دامەزرابێت، لەسەر دابەزاندنی ئاستی دڵەڕاوکێ و خەمۆکی لای بەساڵاچووان، راجاگۆپال و هاوڕێیەکانی (Rajagopal, Mackenzie, Bailey, and Mourey, 2002) بیستودوو کەسی بەساڵاچوویان لە خانەکانی بەساڵاچووان کردە سامپڵی توێژینەوەکە کە هەموویان دەستیشانکرابوون کە تووشی خەمۆکی سووك بوون. لە ئەنجامی چارەسەرەکە، ئاستی دڵەڕاوکێ بە شێوەیەکی مانادار و بەرچاو نزم بووەوە، هەروەها ئاراستەیەکیش بەدی کرا لە نزمبوونەوەی ئاستی خەمۆکی لای بەشداران، ئەوانەی کە بەردەوامبوون لەسەر بەکارهێنانی ستراتیجیەتی بازنەی نزا، ئاستی خەمۆکییان نزم بووەوە، بەڵام ئەوانەی ئەم ستراتیجیەتەیان بەکارنەهێنا، ئاستی خەمۆکیان زیادی کرد.

ئایینداری و فشاری دەروونی :

زۆربەی زۆری پسپۆڕانی دەروونی لەسەر ئەوە كۆكن كە سەردەمی ئێستامان، سەردەمی فشاری دەروونییه(Psychological stress) ، هەروەها ئەم پسپۆڕانه كۆكن لەسەر ئەوەی كە فشاری دەروونی نەك تەنها كاریگەری لەسەر دەروون وڕەفتارمان هەیه، بەڵكو كاریگەری مەترسیداری لەسەر تەندروستی جەستەییشمان هەیه بە تایبەتی تووش بوون بە نەخۆشیەكانی دڵ، بۆیه توێژینەوەیەكی زۆر لەسەر بابەتی فشاری دەروونی كراوه، بە تایبەتی لە هەشتاكانی سەدەی ڕابردوودا.

لە خوارەوه ئاماژه بە پێنج لە توێژینەوەكان دەكەم كە باس لە پەیوەندی نێوان ئایینداری و فشاری دەروونی دەكەن.

لۆولەر و یانگەر (Lawler & Younger 2002) توێژینەوەیەكیان لەسەر ٨٠ كەس كرد كە تەمەنیان لە نێوان ٢٧_٦٠ ساڵ بوو، بۆ دۆزینەوەی پەیوەندی نێوان ڕۆحانیەت و ئاییندار لەگەڵ كاردانەوەی توندی دڵ (Acute Cardiovascular Response) و نیشانە جەستەییەكانی نەخۆشی، و فشار و میزاج، چاوپێكەوتن لەگەڵ ئەندامانی سامپڵەكه كرا و پاڵەپەستۆی خوێن و لێدانی دڵیان چاودێری كرا.

ئەنجامی توێژینەوەكه دەریخست كە پەیوەندی لە نێوان ئینتیمای ئایینی و دووبارەبوونەوەی ئامادەبوون لە چالاكییه ئایینی و سرووتەكان لەگەڵ لێدانی دڵ لە كاتی پشوو (ئێستراحه) (Diastolic Resting) و پاڵەپەستۆی خوێن لە خوێنبەرەكاندا هەیه (Arterial Pressure).

رۆحانیەت، بە تایبەتی لە لایەنە وجودییەکەیەوە، پەیوەندی هەبوو بە نیشانەکانی نەخۆشی، بەکارهێنانی دەرمان، فشار و حاڵەتی میزاجی ناخۆش، رۆحانیەت و بەشداری لە چالاکییە ئایینیە رێکخراوەکان بە یەکەوە لەوانەیە هۆیەک بن بۆ زیادکردنی هەستکردن بە ئامانج و مانا لە ژیاندا، ئەمەش لەلای خۆیەوە، پەیوەندی بە نەرمی و بەرهەڵستی زیاتر هەیە بەرانبەر بەو نەخۆشیانەی کە پەیوەندییان بە فشاری دەروونییەوە هەیە.

کارلۆزی و هاوڕێکانی (Carlozzi, et al 2010) توێژینەوەیەکیان لەسەر ٥٣ کەس کرد لە سەرەتای قۆناغی هەرزەکاریدا کە تەمەنیان لە نێوان ١٣ تا ١٥ ساڵ بوو، مەبەست لەم توێژینەوەیە دۆزینەوەی پەیوەندی بوو لە نێوان بیروباوەڕو چالاکی رۆحی لەگەڵ تووڕەبوون و فشار.

ئەنجامی ئەم توێژینەوەیە دەریخست کە پەیوەندیەکی پۆزەتیڤ هەیە لە نێوان ئەم گۆڕاوانەدا، واتە ئەو هەرزەکارانەی ئاستی بیروباوەڕ و چالاکی رۆحیان بەرز بوو، لەهەمانکاتدا ئاستی تووڕەبوون و فشاریشیان بەرز بوو.

سێ توێژەر (Ferguson, Willemsen & Castaneto 2010) توێژینەوەیەکیان لەسەر کاریگەری نزا (دوعاکردن) لە مەسیحیەتدا لەسەر تەندروستی کرد، ١١٥ مەسیحی کاسۆلیك بەشداریان لە توێژینەوەکە کرد. پرۆگرامی (بەچەقکردنی نزا) بەم شێوەیە بوو: دانیشتنی بە کۆمەڵ بۆ ماوەی دوو کاتژمێر و پراکتیزەکردنی نزا بە تاک

دوو جار له رۆژێکدا و بۆ ماوەی ۱۰ هەفته، گریمانی ئەم توێژینەوەیه ئەوه بوو که نزاکردن فشاری بەشداربووان کەمدەکاتەوه و پەیوەندی (هاوکارییان) لەگەڵ خودا بەهێزتر دەکات. زانیارییه چەندی وچۆنییەکانی توێژینەوه پاڵپشتی لەم گریمانه کرد و بەدیاریخست که نزا کردن فشاری دەروونی کەمدەکاتەوه.

گرووپێک له توێژەران (& Belding, Howard, McGuire, Wilson Schwartz 2010) هەوڵیاندا بزانن ئایا بروا به بوونی زاتێک (خودا) پاڵپشتی بکات، دەبێته هۆی نزمکردنەوەی فشاری توند؟ سامپڵی ئەم توێژینەوەیه له ۱۱۱ خوێندکاری زانکۆ پێکهات که لەسەر سێ گرووپ له شێوەیەکی هەرەمەکی دابەشکران: گرووپی دوعا، گرووپی هاندنی خود به قسه و گرووپی کۆنترۆڵ، هەر سێ گرووپیش روبەروی فشار کرانەوه، ئاستی فشار، به پێی دەربرینی کەسەکه، لای گرووپی دوعا و هاندنی خود به قسه نزمتر بوو به بەراورد به گرووپی کۆنترۆڵ، که نه دوعایان دەکرد و نه به قسه هانی خودی خۆیان دەدا. هەردوو جۆری پاڵەپەستۆی خوێن (Systolic & Diastolic) تەنها لای گرووپی دوعا نزمتر بوو به بەراورد به گرووپی کۆنترۆڵ، بەڵام جیاوازی نێوان گرووپی دوعا و گرووپی هاندانی خود به قسه نەبوو.

توێژینەوەکه ئەوەی دەرخست که نزا به تەنها فشار کەم ناکاتەوه و لەوانەیه لەبەر ئەوه بێت به بۆچوونی توێژەران که زۆربەی خوێندکاران له گرووپی نزا خوێندنەوەی نزایان به نزا حیساب نەکردبووبێت.

۱۰٤

لابێ و فۆبیێس (Labbe & Fobes 2010) له توێژینەوەیەکدا هەوڵیاندا پەیوەندی نێوان ڕۆحانیەت و جۆری کەسایەتی و فشاری دەروونی بزانن، گریمانی توێژینەوەکە ئەوە بوو که ئەو گەنجانەی ئاستی ڕۆحانیەتیان بەرزە، ئاستی و وروژانی کۆئەندامی دەماری سیمپاویان نزمە و باشتر دەتوانن له رووی سۆزەوە لەگەڵ سەرچاوەکانی فشار هەڵ بکەن به بەراورد بەو کەسانەی که ئاستی ڕۆحانیەتیان نزمە، ئەو گرووپانەی که ئاستی جیاجیایان له ڕۆحانیەتدا هەبوو، لەگەڵ یەکتردا بەراوردکران له بواری سیفەتی تووڕەبوون، نیۆرۆتیسیزم، ویژدانزیندوویی، ئێکستراڤێرشن، رازیبوون و کراوەیی بۆ ئەزموونی نوێ، ٨٠ خوێندکاری زانکۆ که تەمەنیان لەسەرووی ١٨ ساڵ بوو بەشدارییان لەم توێژینەوەیە کرد.

کاردانەوەی فسیۆلۆجی بەشداربووان پێش رووداوی فشاردار و دوای رووداوەکە چاودێری کرا، له ئەنجامدا جیاوازییەکی مانادار له نێوان ڕێژەی ئارەقەکردن و کاردانەوەی سۆزداری بۆ سەرچاوەی فشار له نێو ئەو گرووپانەی که ئاستی جیاوازیان له ڕۆحانیەت هەبوو، تێبینی کرا ئەوانەی ئاستی ڕۆحانیەتیان بەرز بوو، ڕێژەی ئارەقەکردن و ئاستی تووڕەبوونیان نزمتر بوو به بەراورد بەوانەی که ئاستی ڕۆحانیەتیان نزم بوو.

ئایینداری و خۆشحاڵی دەروونی :

خۆشحاڵی دەروونی(Psychological Well-being) گۆراوێکی گرنگە لە دەروونزانییدا، هەندێکجار لە جیاتی دەروونساغی بەکاردەهێنرێت، لەم ساڵانەی کۆتاییدا توێژینەوەیەکی زۆر لەسەر خۆشحاڵی دەروونی کراوە، هەندێک لەم توێژینەوانە هەوڵیان داوە بزانن ئایا هیچ پەیوەندییەك لە نێوان ئایینداری و خۆشحاڵی دەروونی هەیە، یان نا؟ لە خوارەوە کورتەی شەش لە توێژینەوەکان دەخەمە بەردەستی خوێنەر کە لەسەر ئەم بابەتە کراوە.

ئامانجی توێژینەوەکەی لۆرێنسێل و ئابێل و شوارتز (Laurencelle, Abell & Schwartz, 2002) دۆزینەوەی پەیوەندی بیروباوەڕی ئایینی لە جۆری ئایین وەك ئامانج، لەگەڵ خۆشحاڵی دەروونییدا، ژمارەی ئەو کەسانەی بەشدارییان لەم توێژینەوەیە کرد ٢١٠ کەس بوون.

ئەنجامی ئەم توێژینەوەیە بەدیاریخست کە بەهێزیی بیروباوەڕ پەیوەندی هەبوو بە نزمی ئاستی دڵڕاوکێ و خەمۆکی، ئەگەری بەدیارکەوتنی نیشانەکانی نەخۆشی کەمتر بوو، لەبەرانبەریشدا پەیوەندی هەبوو بە بەهێزیی خود بە بەراورد بەو کەسانەی کە بیروباوەڕەکەیان نزمتر بوو.

فرێیزەر و مینتز و مۆبلی (Frazier, Mintz & Mobley, 2005) توێژینەوەیەکیان بە مەبەستی دۆزینەوەی پەیوەندی لە نێوان

بەشداریکردن لە چالاکییە ئایینیەکان و خۆشحاڵی دەروونی لای ئەفریقیە ئەمریکیە بەسالاچووەکان لە شارەکان کرد، ٨٦ کەسی بەسالاچوو وەلامی دوو راپرسیان دایەوە سەبارەت بە ئایینداری و خۆشحاڵی.

ئەنجامەکان دەریانخست کە چەند رەهەندێک لە بەشداریکردنی ئایینی (ئایینداری رێکخراو، ئایینداری نارێکخراو، ئایینداری خودی) پەیوەندی هەیە بە چەند رەهەندێکی خۆشحاڵی دەروونی کە بریتین لە: پەیوەندی باش لەگەڵ کەسانی دیکە، خود قبوڵکردن، دەستگرتن بەسەر ژینگە، مەبەستی ژیان و گەشەی کەسی.

توێژینەوەی رۆبو (Robu 2006) بۆ تاقیکردنەوەی ئەو گریمانە بوو کە ئایا جۆرێکی تایبەتی لە ئایینداری، کە خاوەنەکەی هەست بە بوونی خودا بکات لە لایەنە جیاجیاکانی ژیاندا، رۆڵی کەمکردنەوەی کاریگەری وابەستەیی ئائارام لەسەر خۆشحاڵی دەبینێت؟ خۆشحاڵی لەم توێژینەوەیە وا پێناسە کرا کە بریتییە لە نزمی ئاستی دڵڕاوکێ و هێنانەدی هاوسەنگی لە نێوان هەستە خۆش و ناخۆشەکان، شوناسی خود و هەستکردنی بە مانا، سامپڵی توێژینەوەکە لە ٩٦ کەس پێکهات کە مەسیحی بوون سەر بە ئایینزای جیاجیا.

ئەنجامی توێژینەوەکە دەریخست کە جۆرێکی تایبەتی لە ئایینداری، ئاگاداربوون لە خودا، بە بەراورد بەو جۆرە ئایینداریەی کە لەسەر بنەمای هەلچوون (إنفعال) دامەزراوە، کاریگەری بەسوودی هەبوو لەسەر خۆشحاڵی وجودی (هەستکردن بە بوونی مانا)، واتە دەشیّ ئەم جۆرە

ئاییندارییه یارمەتی خەلك بدات لە كاتی ڕووبەڕووبوونەوەیان لەگەڵ
كێشەكانی تر لە ژیاندا وابكات كەسەكە ژیانێكی مانادار بژیێت لە ڕووی
وجودییەوە. وێڕای ئەوەش، ئەنجامی توێژینەوەكە دەریخست كە
ئایینداری ئەوە كەسانەی كە ئاستی دڵڕاوكێیان بەرزە لە
پەیوەندییەكانیاندا، ئەم جۆرە ئاییندارییە لەسەر بنەمای هەڵچوونەوە
دامەزراوە و پەیوەندییان بە خودا وەك زاتێك كە شایەنی وابەستەییەكی
ڕەها بێت ولەسەر بنەمایەكی ئارام دامەزرابێت و سەرچاوەی دڵدانەوە
بێت.

بۆسوێل و كاهانا و ئەندرسن) Boswell, Kahana & Anderson
2006) توێژینەوەیەكیان بە ناونیشانی: ڕۆحانیەت و ڕەفتارەكانی
شێوازی ژیانی دروست" كاریگەری دژە تەنگژە لەسەر خۆشحاڵی لای
بەسالاچووان ئەنجامدا، ئامانجی توێژینەوەكە وەڵامی ئەو پرسیارە بوو:
ئایا ئایینداری و ڕۆحانیەت و ڕەفتارەكانی شێوازی ژیانی دروست
ڕۆڵیان لە كەمكردنەوەی كاریگەری تەنگژە لای گرووپێك لە
بەسالاچووان (تەمەنیان لەسەرووی ٧٠ ساڵ بوو) كە تووشی نەخۆشی
دریژخایەن بووبوون و كاریگەری ئەوەش لەسەر هەستكردنیان بە
خۆشحاڵی، هەیە، ٢٢١ كەس بەشدارییان لەم توێژینەوەیە كرد.

ئەنجامی توێژینەوەكە بەدیاریخست كە ڕۆحانیەت و چالاكی
جەستەیی و خواردن دروست هۆكارن بۆ بەرزی هەستكردن بە
خۆشحاڵی.

كۆلبێرت و هاوڕێكانی (Colbert, Jefferson, Gallo & Davis
2009) تویژینەوەیەكیان لەسەر ئەمەریكییە ئەفریقییەكان كرد بۆ
دۆزینەوەی پەیوەندی نێوان ئاییندارى و خۆشحاڵى دەروونى، ٣١٥
كەسى ئەمەریكی بە ڕەگەز ئەفریقی بەشداریيان لەم تویژینەوەیە كرد
كە نیشتەجێی ناوچەی تێكساس و تێنێسى و كالیفۆرنیا بوون.
بەشێك لە ئەنجامە سەرەكییەكانی ئەم تویژینەوە ئەوە بوو كە
پەیوەندى لە نێوان ئاستى ئاییندارى و گۆڕاوەكانى دەروونساغیدا
هەیە، ئەم گۆڕاوانەی لەم تویژینەوەدا لێكۆڵینەوەیان لەسەر كردن
خەمۆكی و هەڵكردن و ڕێزگرتن لە خود بوون.

ونوك و مارسینكۆوسكی (Wnuk & Marcinkowski, 2014)
تویژینەوەیەكیان لەسەر ١١٥ خوێندكارى زانكۆ لە پۆڵەندا ئەنجامدا بۆ
وەڵامدانەوەی ئەم پرسیارە: ئایا گۆڕاوە بوونگەراییەكان ڕۆڵیان لە
نێوان ئاییندارى/ ڕۆحانیەت و خۆشحاڵى دەروونى هەیە؟ بۆ
وەڵامدانەوەی ئەم پرسیارە، ئەم دوو تویژەرە هەڵسان بە لێكۆڵینەوە
لەسەر پەیوەندی نێوان ئەزموونی ڕۆحی وهیوا وماناى ژیان و خۆشحاڵى
دەروونى. ئەنجامی ئەم تویژینەوەیە دەریخست كە ماناى ژیان و هیوا
دوو فاكتەر بوون لە نێوان ئەزموونی ڕۆحی و خۆشحاڵى دەروونیدا و لە
نێوان ئەزموونی ڕۆحی و هەستی خۆشی، لەهەمانكاتدا هیچ
پەیوەندیەكیان لە نێوان ئەزموونی ڕۆحی و هەستی ناخۆش نەدۆزیەوە.

ئایینداری و حاڵەتی دەروونی بە گشتی :

ژمارەیەکی زۆر لە توێژینەوە لەسەر پەیوەندی نێوان ئایینداری و
حاڵەتە جیاجیاکانی دەروونی لەسەر ئاستی جیهان ئەنجامدراوە. لە
خوارەوە ئاماژە بە ١٥ لەم توێژینەوانە دەکەین کە لەم بوارەدا ئەنجام
دراون.

قوربانی و هاوڕێکانی (,Ghorbani, Watson, Ghramaleki
Morris & Hood, 2000) هەوڵیاندا پێوەرێک دابنێن بۆ پێوانی
هەڵوێستی موسڵمانان بەرانبەر ئاین. هەروەها ویستیان بزانن ئەم
پێوەرە پەیوەندی هەیە بە نیشانەکانی نەخۆشییە دەروونییەکان
وپاڵنەری ئایینی وئەزموونی سۆفیەتی. سامپڵی ئەم توێژینەوەیە لە
١٧٨ خوێندکاری زانکۆ لە ئێران پێکهات. پێوەری هەڵوێستی موسڵمان
بەرانبەر ئاین نەیتوانی پێشبینی نیشانەکانی نەخۆشیە دەروونییەکان
بکات، بەڵام پەیوەندییەکی ڕاستەوخۆی پێچەوانە دۆزرایەوە لە نێوان
ئەم پێوەرە وئەم نیشانانە.

لەسەر پەیوەندی نێوان توندی بیروباوەڕی ئایینی و حاڵەتی
دەروونی، پلانت و هاوڕێکانی (Plante, Yancey, Sherman &
Guertin, 2000) توێژینەوەیەکیان لەسەر ٣٤٢ خوێندکاری زانکۆ لە
سیٚ زانکۆ کە پەیڕەوی ئایینزا جیاجیاکانی مەسیحیەتیان کردووە لە
ویلایەتە یەکگرتووەکانی ئەمەریکا ئەنجامدا.

ئەنجامەکانی ئەم توێژینەوە دەریخست کە بەهێزیی بیروباوەڕی ئایینی لای یەکێک لەم سامپڵانە پەیوەندییەکی بەڵگەداری هەبوو لەگەڵ گەشبینی و مانای ژیان، لای سامپلێکی دیکە پەیوەندی هەبوو بە هەڵکردن لەگەڵ فشاری دەروونی و گەشبینی و مانای ژیان و بینینی ژیان وەک ململانێیەکی پۆزەتیڤ و ئاستێکی نزمی دڵەڕاوکێ.

لای بەشێکی دیکە لە سامپڵی ئەم توێژینەوەیە بەهێزیی بیروباوەڕی ئایینی پەیوەندی هەبوو بە بینینی ژیان وەک ململانێیەکی پۆزەتیڤ و قبوڵکردنی خود، لە دەرەنجامدا توێژەران لەو بڕوایەدان کە ئەگەرچی پەیوەندییەکان مامناوەندی بوون لە رووی توندیدا، ئەنجامەکان پێشنیازی ئەوە دەکەن کە بەهێزیی بیروباوەڕی ئایینی پەیوەندی لەگەڵ چەند سوودێکی دەروونساغی پۆزەتیڤی گرنگ لای خوێندکارانی زانکۆ هەیە.

پاتریک دولین (Dulin, 2005) توێژینەوەیەکی ئەنجامدا لەسەر بەساڵاچووان لە ویلایەتە یەکگرتووەکانی ئەمریکا بە مەبەستی دۆزینەوەی پەیوەندی نێوان پاڵپشتی کۆمەڵایەتی و بەشداریکردن لە چالاکییە ئایینیەکان و ناڕەحەتی دەروونی لایان، ١١٥ بەساڵاچوو، کە تەمەنیان لەسەرووی ٦٥ ساڵ بوو بەشدارییان لەم توێژینەوەیە کرد و وەڵامی ئەو ڕاپرسیانەیان داوە و زانیاری پێویستیان سەبارەت بە ڕەهەندەکانی توێژینەوەکە بە توێژەر دا.

ئەنجامی توێژینەوەکە ئاماژەی بەوەدا کە بەشداریکردن بەردەوام پێشبینی هەڵچوونی ناخۆش دەکات ئەگەر کاریگەری گۆڕاوە

دیمۆگرافییەکانیش (وەك تەمەن و ڕەگەز و..هتد) کۆنترۆڵ بکرێن، هەستکردن به بوونی پاڵپشتی کۆمەڵایەتی کاریگەری لەسەر پەیوەندی نێوان بەشداریکردنی ئایینی و نارەحەتی کۆمەڵایەتی هەیە، ئەنجامەکان بەدیاریانخست کە بەشداری ئایینی زۆر گرنگتره سەبارەت به کەمکردنەوەی نارەحەتی لای ئەو بەسالاچووانەی ئاستی پاڵپشتی کۆمەڵایەتییان لاوازه به بەراورد بەوانه ئاستی پاڵپشتی کۆمەڵایەتییان بەرزه.

سالسمان و کارلسن (Salsman & Carlson, 2005) توێژینەوەیەکیان لەسەر پەیوەندی نێوان ئاراستەی ئایینی و باوەڕی پێگەیشتوو و نارەحەتی دەروونی کرد، بەشداربووان لەم توێژینەوەیه ٢٥١ کەس بوون کە تەمەنیان له نێوان ١٧ تا ٢٥ ساڵ بوو و وەڵامی چەند ڕاپرسییەکیان داوه به مەبەستی پێوانی ئاست و جۆری ئایینداری و نارەحەتی دەروونی.

به شێوەیەکی گشتی ئەنجامی ئەم توێژینەوەیه بەدیاریخست کە ڕەهەندەکانی ئایینداری پەیوەندی نێگەتیڤیان لەگەڵ پێوەرەکانی نارەحەتی دەروونیدا هەیە، به شێوەیەکی تایبەتی، توێژینەوەکه دەریخست کە پەیوەندی نێگەتیڤ هەیه له نێوان بڕوای پێگەیشتوو و ئایین وەك ئامانج لەگەڵ ڕق و بیرکردنەوەی پارانۆیا (بیرکردنەوەیەکه لەسەر بنەمای گومانکردن له دەوروبەر دامەزراوه)، هەروەها باوەڕی پێگەیشتوو پەیوەندی نێگەتیڤی به خەمۆکی و نارەحەتی دەروونی هەبوو، توێژەران دەگەنه ئەم دەرەنجامەی ئەو گەنجانەی که خاوەن

باوەڕێکی پێگەیشتوون و ئەم باوەڕەیان بۆتە بەشێک لە ژیانی ڕۆژانەیان و پەیوەندییان لەگەڵ خودا مەسەلەیەکی سەرەکییە لایان، ئەم گەنجانە کەمتر دووچاری خەمۆکی و پارانۆیا (بەدگومانی) و پق و ناڕەحەتی دەروونی دەبنەوە.

ستێگەر و فرایزەر (Steger & Frazier, 2005) توێژینەوەیەکیان لەسەر پەیوەندی نێوان مانای ژیان و ئایینداری و دروستی دەروونی کرد، لەم توێژینەوەیەدا ئەنجامی دوو لێکۆڵینەوە خرانەڕوو. بەشداربووان لەم توێژینەوەیە ٥١٢ خوێندکاری زانکۆ بوون. لە لێکۆڵینەوەی یەکەمدا، مانای ژیان کەوتە نێوان ئایینداری و ڕەزامەندی لە ژیاندا و ڕێزگرتن لە خود و گەشبینیدا، ئەنجامی لێکۆڵینەوەی دووەم بەدیاریخست کە مانای ژیان دەکەوێتە نێوان ڕەفتاری ئایینی ڕۆژانە و هەستکردن بە خۆشحاڵی.

زوینگمان و هاوڕێکانی (,Zwingmann, Wirtz, Muller) هەوڵیاندا ڕۆڵی هەڵکردنی ئایینی (Korber & Murken 2006) پۆزەتیڤ، وەک گەڕانەوە بۆ ئایین بە شێوەیەکی متمانەئامێز و بیناکەرانە و هەڵکردنی ئاییننی نێگەتیڤ، وەک بوونی گومان و کێشە لەگەڵ ئاییندا، لای سامپلێک لەو ئافرەتانەی تووشی شێرپەنجەی مەمک بوون لە ئەڵمانیا، بەشداربووان لەم توێژینەوەیە ژمارەیان ١٥٦ نەخۆش بوو.

ئەنجامی ئەم توێژینەوەیە دەریخست کە هەڵکردنی نائاییننی، هەڵکردنی خەمۆک، دەکەوێتە نێوان هەڵکردنی ئاییننی و ئەنجامە

١١٣

دەروونی و کۆمەڵایەتیەکانەوە، هەروەها یەکێکی دیکە لە ئەنجامەکانی ئەم توێژینەوە ئەوە بوو کە پەیوەندی پۆزەتیڤ لە نێوان هەڵکردنی ئایینی پۆزەتیڤ و هەڵکردنی ئایینی نێگەتیڤ هەیە و بەیەکەوە هێزێکی پێشبینیکەر (ناڕاستەوخۆیان) هەیە لەسەر گونجانی دەروونی کۆمەڵایەتی، بەڵام بە ئاڕاستەی پێچەوانەوە، واتە هەڵکردنی ئایینی پۆزەتیڤ پەیوەندی نێگەتیڤی لەگەڵ هەڵکردنی خەمۆک هەبوو لە کاتێکدا هەڵکردنی ئایینی نێگەتیڤ پەیوەندی پۆزەتیڤی لەگەڵ هەڵکردنی خەمۆک هەبوو.

ماری گود و تینا و یلۆبای (Good & Willoughby 2006) هەوڵیاندا ڕۆڵی ڕۆحانیەت و ئایینداری لە گونجاندنی دەروونی لای هەرزەکاران بزانن، لەم توێژینەوەیەدا بە جیا مامەڵە لەگەڵ ڕۆحانیەت و ئایینداری کرا، واتە لە کاتی پێواندا لەیەکتر جودا کرانەوە، پێوەری ئایینداری بریتی بوو لە ئامادەبوون بوو لە کەنیسە لە کاتێکدا پێوەری ڕۆحانیەت بریتی بوو لە باوەڕی کەسەکە بە خودا، یان بە هێزێکی باڵا، ژمارەی بەشداربووان ٦٥٧٨ هەرزەکار بوون کە تەمەنیان لە نێوان ١٣–١٨ ساڵ بوو لە قوتابخانەکانی شاری ئۆنتاریۆ لە کەنەدا.

ئەنجامی توێژینەوەکە دەریخست کە گونجانی دەروونیی هەرزەکارە ئاییندارەکان پۆزەتیڤتر بوو لە گونجانی دەروونیی هەرزەکارە نائاییندارەکان، بە بێ ڕەچاوکردنی ئاستی ڕۆحانیەت، بە بۆچوونی توێژەرکان، ئایینداری گرنگتره لە ڕۆحانیەت لای هەرزەکاران، هەروەها لەو بڕوایشەدان کە سوودی ئایینداری لەوانەیە بە تەواوی تایبەت نەبێت

به چوون بۆ که‌نیسه‌، به‌ڵکو سوودەکە دەگەڕێتەوه‌ بۆ بوون به‌ ئه‌ندام له‌ گرووپێکدا، له‌گه‌ڵ ئه‌وه‌شدا کاتێک ئاییندارى په‌یوه‌ندییه‌کى بێ وێنه‌ى له‌گه‌ڵ گونجان هه‌یه‌، ئاستى ره‌فتارى مه‌ترسیداریش که‌م دەکاته‌وه‌.

عه‌بدولخالق و ناسر (Abdel-Khaleq & Naceur, 2007) توێژینه‌وه‌یه‌کیان له‌سه‌ر په‌یوه‌ندى نێوان ئاییندارى و سۆزە پۆزه‌تیڤ و نێگه‌تیڤه‌کان لاى خوێندکارانى زانکۆ له‌ جه‌زائیر ئه‌نجامدا، سامپڵى ئه‌م توێژینه‌وه‌یه‌ له‌ ٢٤٤ خوێندکارى موسڵمانى زانکۆ پێکهات.

ئه‌نجامى توێژینه‌وه‌که‌ دەریخست که‌ لاى پیاوان په‌یوه‌ندى له‌ نێوان ئاییندارى و ده‌روونساغى هه‌یه‌، لا ئافره‌تان ئاییندارى په‌یوه‌ندیه‌کى پۆزه‌تیڤ و به‌ڵگه‌دارى له‌گه‌ڵ له‌شساغى و ده‌روونساغى و ره‌زامه‌ندى له‌ ژیان و گه‌شبینى و به‌خته‌وه‌رى هه‌بوو، به‌ڵام په‌یوه‌ندى نێگه‌تیڤى له‌گه‌ڵ ره‌شبینى و دڵه‌ڕاوکێدا هه‌بوو.

بجۆرك و تورمان (Bjorck & Thurman, 2007) له‌ توێژینه‌وه‌یه‌کدا هه‌وڵیاندا په‌یوه‌ندى نێوان ڕووداوه‌ ناخۆشه‌کانى ژیان و شێوازه‌کانى هه‌ڵکردنى ئایینى و گوزه‌رانى ده‌روونى بزانن، سامپڵى ئه‌م توێژینه‌وه‌یه‌ له‌ ٣٣٦ که‌س پێکهات که‌ وه‌ڵامى ڕاپرسى توێژینه‌وه‌که‌یان داوه‌.

ئه‌نجامى توێژینه‌وه‌که‌ دەریخست که‌ په‌یوه‌ندى له‌ نێوان ڕووداوى ناخۆش و زیاد به‌کارهێنانى هه‌ڵکردنى ئایینى پۆزه‌تیڤ و نێگه‌تیڤ و که‌مبوونه‌وه‌ى گوزه‌رانى ده‌روونى هه‌یه‌، هه‌روه‌ها ڕووداوه‌ ناخۆشه‌کان

لەگەڵ هەڵکردنی ئاینی پۆزەتیڤ کاریگەرییان هەبوو لەسەر خەمۆکی، بە شێوەیەک کە زیاد بەکارهێنانی هەڵکردنی ئاینی پۆزەتیڤ دژی کاریگەری خراپی رووداوە ناخۆشەکان وەستا.

فرێنچ و هاوڕێکانی (,French, Eisenberg, Vaughan) (Purwono, & Suryanti, 2008 توێژینەوەیەکیان لەسەر پەیوەندی ئایینداری و ڕۆحانیەت بە توانای کۆمەڵایەتی و خۆگونجاندن لای هەرزەکاری موسڵمان لە ئیندۆنیسیا کرد، سامپڵی ئەم توێژینەوەیە لە ١٨٣ خوێندکار پێکهات کە لە قۆناغەکانی هەشتەم و نۆیەم بوون و ناوەندی تەمەنیان ١٣ ساڵ بوو.

ئەنجامەکانی توێژینەوەکە دەریانخست کە بەشدارییکردن لە چالاکییە ئایینیەکان تاکە گۆڕاو بوو کە پەیوەندی بە پایە لە نێو هاوڕێیان و دەسکەوتی خوێندن، رێکخستنی هەڵچوونات، ڕەفتاری کۆمەڵایەتی و..هتد. توێژەران پەیوەندی نێوان بەشداری ئایینی و توانای هەرزەکارانیان بەو سیاقە لێکداوە کە ئاین لە جاڤای ڕۆژئاوا هەیەتی کە تیایدا خەلکەکەی بە گشتی بیروباوەڕی پتەویان بە ئیسلام هەیە و ئاین بووەتە بەشێک لە ژیانی ڕۆژانەیان.

توێژینەوەکەی مایلیڤسکی و لێه (Milevsky & Leh 2008) مەبەستی لێکۆڵینەوە بوو لە پەیوەندی نێوان هەندێ لە فاکتەرە خێزانیەکان و دوو جۆر لە دەربرینی ئایینداری: ئاین وەك ئامانج، ئاین وەك ئامراز.

هەروەها توێژینەوەکە هەوڵیدا پەیوەندی نێوان ئاییندارى و
خۆگونجاندن لەلاى گەنجان کەم دەرامەت، ٣٠٥ گەنج بەشدارییان لەم
توێژینەوەیەدا کرد، لە ئەنجامدا بەدیارکەوت کە تەلاق و ئاستى
رازیبوون لە ژیانى هاوسەرگیرى و پاڵپشتى خێزان پەیوەندییان بە
ئاییندارییەوە هەیە، ئەوانەى کە لە خێزانێک پەروەردە کرابوون کە
تەڵاقى تیادا روونەدابێت، ئاستى ئایینداراییان، بە هەردوو جۆریەوە
بەرزتر بوو، ئەوانەى کە ئاییندارییەکەیان لە جۆرى ئایین وەک ئامانج،
یان جۆرى ئایینداراییەکەیان یەکلانەبۆتەوە لە نێوان دوو جۆرەکەى
ئاییندارى، ئاستى رێزلەخۆگرتنیان بەرزتر بوو بە بەراورد بەو کەسانەى
کە جۆرى ئایینداریەکەیان ئایین وەک ئامراز بوو.

سەبارەت بە کاریگەرى ئاییندارى لەسەر خۆنەگونجاندن
(maladjustment) لاى ئەو منداڵانەى کە خراپ مامەڵەیان لەگەڵ
کراوە بە بەراورد بە منداڵانەى کە خراپ مامەڵەیان لەگەڵ نەکراوە،
جەنگمین کیم (Kim 2008) توێژینەوەیەکى کرد. لەم توێژینەوەیەدا
١٨٨ منداڵى خراپ مامەڵە لەگەڵکراو و ١٩٦ منداڵى خراپ مامەڵە لەگەڵ
نەکراو لە خێزانە کەمدەرامەتەکان بەشدارییان کرد.

تەمەنى منداڵەکان لە نێوان ٦ تا ١٢ ساڵ بوو، ئەنجامى توێژینەوەکە
ئەوەى دەرخست کە ئاییندارى رۆڵێکى پارێزەر دەبینێت لاى ئەو
منداڵانە، ئەوانەى بیروباوەڕپ ئایینییان لا گرنگ بوو، ئاستى
نیشانەکانى (ناوەوەى) خراپ خۆگونجاندنیان نزمتر بوو بە تایبەتى
کچەکان، ئەو منداڵانەى کە بەشدارییان لە چالاکییە ئایینییەکان دەکرد،

ئاستی نیشانەکانی (دەرەکی) خراپ خۆگونجاندیان کەمتر بوو بە تایبەتی لای کوڕان، توێژەر گەیشتە ئەو دەرئەنجامەی کە ئایینداری ڕۆڵێکی پارێزەری هەیە بۆ ئەو مندااڵنەی کە خراپ مامەڵەیان لەگەڵ کراوە لە نێو خێزانە کەمدەرامەتەکاندا.

ماسێلکۆ و بوکا (Maselko & Buka, 2008) توێژینەوەیەکیان دەربارەی چالاکی ئایینی و بڵاوبوونەوەی نەخۆشی دەروونییەکان بە درێژایی ژیان کرد، بە شێوەیەکی تایبەتیتر، ئەم توێژەرانە ویستویانە بزانن چ پەیوەندییەك لە نێوان گۆڕان لە چالاکی ئایینی و بڵاوبوونەوەی نەخۆشییە دەروونییەکان بە درێژایی ژیان هەیە، ٧١٨ کەس بەشدارییان لەم توێژینەوەیەدا کرد کە تەمەنیان لە نێوان ٣٠ تا ٣٩ ساڵ بوو.

ئەنجامی ئەم توێژینەوەیە دەریخست کە بە گشتی پەیوەندی مانادار لە نێوان بەشدارییکردن لە چالاکییە ئاییینیەکان و سێ نەخۆشی دەروونی (دڵڕاوکێی گشتکراو، خەمۆکی گەورە، ئالوودەبوون بە ئەلکحول) نییە، بەڵام جیاوازی لە نێوان ژنان و پیاوان بەدی کرا، بۆ ئافرەتان، گۆڕان لە بەشدارییکردن لە چالاکییە ئاییینیەکان (ئینجا چ وازهێنان لە بەشدارییکردن، یان بەشدارییکردن لە قۆناغی منداڵیەوە) پەیوەندی هەبوو بە زیادبوونی ڕێژەی تووشبوون بە دڵڕاوکێی گشتکراو و ئالوودەبوون بە کحول بە درێژایی ژیان، بە بەراورد بەو ئافرەتانەی کە بەشدارییان لە چالاکییە ئاییینییەکان بەردەوام وجێگیر بوو، بە پێچەوانەوە، ئەو پیاوانەی شێوازی بەشدارییکردنیان لە

چالاکییه ئایینییهکان له رووی چهندییهوه گۆڕیوه، ئهگهری کهمتریان
ههبوو له هاتنهدی پێوهرهکانی دهستنیشانکردنی نهخۆشی خهمۆکی
گهوره، به بهراورد بهو پیاوانهی که بهردهوام له رووی ئایینیهوه چالاك
بوون، ڕێژهی بڵاوبوونهوهی نهخۆشییه دهروونییهکان له نێو ئهو
کهسانهی که ههرگیز بهشدارییان له چالاکییه ئایینیهکان نهکردووه له
رووی ئامارییهوه جیاواز نهبوو لهگهڵ ئهو کهسانهی که یان به
بهردهوامی له رووی ئایینیهوه کارا بوون، یان ئهو کهسانهی که شێوازی
بهشدارییکردنیان لهم چالاکییانه گۆڕی بوو، تویژهران گهیشتنه ئهم
دهرهنجامهی که شێوازهکانی چالاکی ئایینی به درێژایی ژیاندا
پهیوهندی ههیه به نهخۆشییه دهروونییهکان و جیاوازی له نێوان پیاوان
و ئافرهتانیش لهم رووهوه ههیه.

حوسهین و صدیق (Hossain & Siddique, 2008)
تویژینهوهیهکیان کرد بۆ وهڵامدانهوهی ئهو پرسیارهی (ئایا ئایینداری
یارمهتی موسڵمانان دهدات له خۆگونجاندن لهگهڵ مردندا؟).

سامپڵی ئهم تویژینهوهیه له ١٥٠ کهسی بهنگلادیشی پێکهات که
تهمهنیان له نێوان ٢٠ تا ٥٠ ساڵ بوو، ئهنجامی ئهم تویژینهوهیه ئهوه
بوو که ئایینداری به شێوهیهکی پۆزهتیڤ کاریگهری لهسهر
خۆگونجاندن لهگهڵ مردن ههیه.

سهید محمودی و هاوڕێکانی (& Seidmahmoodi, Rahimi
Mohamadi, 2011) تویژینهوهیهکیان لهسهر پهیوهندی نێوان توانای

بەرەنگاربوونەوە (resiliency) و ئاڕاستەی ئاینی لەگەڵ گەشەی دوای زەبر لای کەسانی ئێرانی کرد.

ئاڕاستەی ئاینی بۆ دوو جۆر دابەشکرا: جۆری ئاین وەک ئامانج و جۆری ئاین وەک ئامراز، هەروەها توێژەران ویستیان بزانن ئایا هاوسەرگیری و ڕەگەز کاریگەرییەکی لەسەر ئەم پەیوەندییە هەیە، یان نا؟ ٣٥٠ خوێندکار لە زانکۆی شیراز بەشدارییان لەم توێژینەوەیە کرد کە بە شێوەیەکی هەرەمەکی هەڵبژێردرا بوون، ئەنجامی توێژینەوەکە دەریخست کە هەردوو بەشی توانای بەرەنگاربوونەوە: گەڕان بە دوای شتی نوێ و ئاڕاستەی پۆزەتیڤ بەرانبەر داهاتوودا، هەروەها جۆری ئاین وەک ئامانج پەیوەندییان بە گەشەی دوای زەبری دەروونییەوە هەبوو، ئەوانەی خێزاندار بوون، زیاتر گەشەیان کردبوو لە دوای زەبر بە بەراورد بەو کەسانەی کە زگورتی بوون، جۆری ئاین وەک ئامرازی کەسی و ڕێکخستنی سۆز، کە بەشێک بوو لە توانای بەرەنگاربوونەوە،پەیوەندییەکی مانادار و پۆزەتیڤیان هەبوو لەگەڵ گەشەی دوای زەبر، ڕەگەز و جۆری ئاین وەک ئامرازی کۆمەڵایەتی پەیوەندییان بە گەشەی دوای زەبر نەبوو.

ئایینداری و جۆری کەسایەتی :

مرۆڤەکان خاوەن کەسایەتی جیاوازن، بەڵام ئایا کەسە ئایینەدارەکان خاوەن کەسایەتییەکی جیاوازن لەو کەسانەی کە ئاییندار نیین، یان ئاستی ئایینەدارییان زۆر نزمە؟ بۆ وەڵامدانەوەی ئەم پرسیارە کۆمەڵێک

توێژینەوە ئەنجامدراوە، لە خوارەوە ئاماژە بە دوو توێژینەوە دەکەم کە پەیوەندیشی بەم بابەتەوە هەیە. هەردوو توێژینەوەکە پشتیان بە پۆڵێنکردنی هانز ئێینزك بەستووە کە کەسایەتی بۆ سێ جۆر دابەش دەکات (Schultz & Schultz, 2005: 290-291):

جۆری یەکەم: ڕوو لە دەرەوە (Extraversion) لە بەرانبەر ڕوو لە ناوەوە (Introversion): ئەو کەسانەی کە لە جۆری ڕوو لە دەرەوەن کەسانی کۆمەڵایەتین و حەز دەکەن لەگەڵ کەسانی دیکە بن و کەسانی جۆری ڕوو لە ناوەوە، زیاتر حەز لە تەنیایی و ئارامی و گۆشەگیری دەکەن.

جۆری دووەم: ناجێگیری هەڵچوونی (Neuroticism) لە بەرانبەر جێگیری هەڵچوونییەوە: ئەو کەسانەی کە نمرەی بەرز لە ناجێگیری هەڵچوونیان دەست دەکەوێت کەسانێکن کە ئاستی خەم و نیگەرانی و گرژییان بەرزە و زوو زوو حاڵەتی دەروونییان دەگۆڕێت.

جۆری سێیەم: ئێینزك ناوی لێناوە: (Psychoticism) کەسانی خاوەن ئەم جۆرە کەسایەتییە ئەم خەسڵەتانەیان هەیە: شەڕانگێزن، کار دژ بە کۆمەڵگا دەکەن، کەللە ڕەقن، خۆویستن و خوێنساردن.

بۆ بەدیارخستنی پەیوەندی کەسایەتی، بەپێی پۆڵێنکردنی ئێینزك، لەگەڵ ئاییندا، فرانسیس و جاکسن (Francis & Jackson, 2003) توێژینەوەیەکیان بە بەشداربوونی ٤٠٠ خوێندکاری زانکۆ کرد. ئەنجامی توێژینەوەکە دەریخست کە بە شێوەیەکی گشتی هیچ پەیوەندیەك لە نێوان ئایینداری و ڕەهەندی نیۆرۆتیسیزم لە کەسایەتیدا نییە.

سەبارەت بە پەیوەندی تایبەتی نێوان ئاینداری و ئەو رەهەندە بچووکانی دەکەونە ژێر رەهەندی نیۆرۆتیسیزم، ئەنجامەکان دەریانخست کە ئاینداری پەیوەندی پۆزەتیڤی بە هەستکردن بە تاوان هەیە، پەیوەندی نێگەتیڤی بە خەم هەیە، هیچ پەیوەندیەکی بە نزمی رێزگرتن لە خود، دڵەراوکێ، پشتبەستن بە کەسانی دیکە، وەهمی نەخۆشکەوتن و وەسواسەوە نییە.

لویس و فرانسیس و ئێنگەر (Lewis, Francis & Enger 2004) هەوڵیاندا بزانن تا چ راددەیەك ئەو بۆچوونەی کە توێژینەوەکان لەسەری کۆکن کە رەهەندی سایکۆتیزم، نەك ئێکستراڤێرشن (خاسیەتی کۆمەڵایەتی لای تاك) و نیۆرۆتیسیزم (واتە ناجێگیری لایەنی دەروونی) پەیوەندی بە دووبارەبوونەوەی زیاتر نزای کەسی و چوون بۆ کەنیسە هەیە؟ توێژینەوەکە لەسەر ٤٧٩ مندالٚ کە تەمەنیان لە نێوان ١١ تا ١٨ سالٚ لە قوتابخانەکانی نەرویج ئەنجامدرا، بە شێوەیەکی گشتی پەیوەندییەکی مانادار لە نێوان زۆر دووبارەبوونەوەی نزای کەسی و چوون بۆ کەنیسە و نزمیی نمرەکان لەسەر ئاستی سایکۆتیزم دۆزرایەوە.

به شێوەیەکی گشتی، ئەو توێژینەوانەی که کورتەکانمان خستەڕوو ئاماژه بەوه دەکەن ئایینداری پەیوەندییەکی پێچەوانەی به خەمۆکی و دڵەڕاوکێوه هەیە، بەڵام پەیوەندی به خوشحاڵی دەروونی ڕاستەوانه و پۆزەتیڤە، چەند توێژینەوەیەکی کەم هەن که هیچ پەیوەندییەکیان له نێوان ئایینداری و خەمۆکی و دڵەڕاوکێ و ناڕەحەتی دەروونیدا نەدۆزیوەتەوه، چەند توێژینەوەیەکی کەمی دیکەیش پەیوەندی پۆزەتیڤ، نەك نێگەتیڤ، له نێوان ئایینداری و دڵەڕاوکێ و خەمۆکێ دۆزیوەتەوه .

هۆکاری ئەم جیاوازییه دەگەڕێتەوه بۆ چەند فاکتەرێك، هەندێکیان پەیوەندییان به میتۆدی توێژینەوەکەوه هەیە، به تایبەتی هەڵبژاردنی پێوەر بۆ کۆکردنەوەی زانیاریەکان، هەندێکی دیکەیشیان پەیوەندییان به تێگەیشتنی توێژەرەکانەوه بۆ چەمکەکان هەیە، فاکتەری دیکه هەن که پەیوەندییان به جیاوازی خودی ئایینەکانەوه هەیە، بەڵام به گشتی، ئاڕاستەی ئەنجامی توێژینەوەکان له بەرژەوەندی ئایینداریيه.

دەربارەی پەیوەندی نێوان ئایینداری و دەروونساغی، کتێبێکمان به زمانی عەرەبی نووسیووه و خوێنەر دەتوانێت سەیری بکات و زانیاری زیاتر وەربگرێت (اسماعیل، ٢٠١٤).

ئایینداری و ئالوودەبوون :

ئالوودەبوون، بە گشتی، بە یەکێک لە گرفتە دەروونییەکان داد ەنرێت، لە هەندێ حاڵەتیشدا، خودی ئالوودەبوون دەبێتە نەخۆشییەکی دەروونی کە پێویستی بە چارەسەرکردن دەبێت، بە تایبەتی لە حاڵەتی ئالوودەبوون بە ماددەی ئەلکحول و ماددە هۆشگۆڕەکانی دیکە لە وڵاتانی ڕۆژئاوا، توێژینەوەیەکی زۆر لەسەر پەیوەندی نێوان ئالوودەبوون و ئایینداری کراوە. لە خوارەوە ئاماژە بە پێنج لەم توێژینەوانە دەکەم.

ئامانجی توێژینەوەی فرانسیس و فێرن و لویس (Francis, Fearn & Lewis 2005) دۆزینەوەی کاریگەری کەسایەتی و دینداری بوو لەسەر هەڵوێستی هەرزەکاران لە تەمەنی ١٦ تا ١٨ ساڵ بەرانبەر خواردنەوەی ئەلکحول لە ئێرلەندای باکوور، ٢٤٣ کەس بەشدارییان لە وەڵامدانەوەی ڕاپرسییەکانی ئەم توێژینەوەیە کرد.

ئەنجامی ئەم توێژینەوەیە بەدیاری خست ئەو کەسانەی هەڵوێستیان زیاتر بەرەو قەدەغەکردنی ئەلکحولە نمرەیان لەسەر رەهەندی سایکۆتیزم (زیادبوونی ئەگەری تووشبوون بە نەخۆشی دەروونی) کەمترە و ئاڕاستەیەکی زیاتر پۆزەتیڤیان بەرانبەر مەسیحیەت هەیە، شیکردنەوەی ئاماری (multiregression) پاڵپشتی کرد لە گرنگیی ڕۆڵی هەڵوێست بەرانبەر ئایین لە پێشبینیکردنی جیاوازی نێوان کەسەکان لە هەڵوێستیان بەرانبەر خواردنەوەی ئەلکحول.

هەروەها دەربارەی پەیوەندی نێوان ئایینداری و بەکارهێنانی ماددەکان (تووتن، ئەلکحول، مەریهوانا) لای ئەو کەسانەی لە سەرەتا و ناوەندی قۆناغی هەرزەکارین، ولکەر و هاوڕێکانی (,Walker Ainette, Wills & Mendoza, 2007) تویژینەوەیەکیان کرد.

لەم تویژینەوەیەدا ١٢٧٣ خوێندکاری هەرزەکار لە قوتابخانە ئامادەییەکان بەشداریییان کرد، ئایینداری بۆ دوو ڕەهەندی سەرەکی دابەشکرا: ڕەهەندی ڕەفتاریەکان کە ئینتیما و بەشداریکردنی گرتەوە، ڕەهەندی کەسی کە گرنگی، بەها، ڕۆحانیەت و لێخۆشبوونی گرتەخۆی. ئەنجامی شیکردنەوەی زانیارییەکان ئەوەبوو کە پەیوەندییەکی ناڕاستەوخۆی پێچەوانەیی هەیە لە نێوان ڕەهەندی ئایینداری کەسی و بەکارهێنانی ماددەکان، ئایینداری، لە لایەکی دیکەوە، پەیوەندی هەبوو بە کەمترین پەیوەندی هاوڕێیەتی خراپ و پەسەند نەکردنی ئەو فاکتەرانەی کە پالنەرن بۆ بەکارهێنانی ماددەکان.

چەند تویژەرێک (Rostosky, Danner and Riggle 2008) تویژینەوەیەکیان لەسەر پەیوەندی نێوان ئایینداری و بەکارهێنانی ئەلکحول لای گەنج و لاوان کرد. لە دوو کاتی جیادا، ١١٦٩٩ کەس، کە لە جاری یەکەم لە قۆناغی هەرزەکاریدا بوون و لە کاتی دووەمدا ببوونە لاو، بەشدارییان لە تویژینەوەکە کرد کە لە دوو گرووپی سێکسی جیادا بوون، لە قۆناغی هەرزەکارییەوە بۆ قۆناغی لاویەتی ئاستی ئایینداری دابەزی، بەلام بەرزی ئاستی ئایینداری، بە هەردوو شێوەکەی: نزیک و دوور، پەیوەندی هەبوو بە کەمتر بەکارهێنانی ئەلکحول، یان

خواردنەوەی بڕێکی زۆری ئەلکحول لە یەککاتدا (Binge drinking) لای ئەو گرووپەی کە مەیلی سێکسیان بەرانبەر ڕەگەزی جودا هەبوو، نەك گرووپەکەی دیکە.

مۆرتۆن و هاوڕێکانی (& Horton, Ellison, Loukas, Downey 2012 ,Barrett) توێژینەوەیەکیان کرد بۆ دۆزینەوەی پەیوندی نێوان جۆری وابەستەبوون بە خودا لەگەڵ ئەو جۆرە ڕەفتارانەی کە هەڕەشە لە تەندروستی دەکەن وەك خواردنەوەی ئەلکحول و بەکارهێنانی ماریهوانا و بەکارهێنانی مادده هۆشگۆڕەکان.

سامپلّی توێژینەوەکە لە ٣٢٨ خوێندکاری زانکۆ پێکهات، سەبارەت بە وابەستەیی (attachment) سێ جۆریان دەستنیشانکرد: وابەستەیی ئارام، وابەستەیی دوورکەوتنەوە، وابەستەیی ناجێگیر.

ئەنجامی توێژینەوەکە دەریخست وابەستەیی ئارام بە خودا پەیوەندی پێچەوانەی بە خواردنەوەی ئەلکحول و بەکارهێنانی ماریهوانا و مادده هۆشگۆڕەکانەوە نییە، بەڵام ئەوانەی جۆری وابەستەیی دوورکەوتنەوە، یان ناجێگیریان لەگەڵ خودا هەیه، زیاتر ئەلکحول دەخۆنەوە و ماریهوانا و مادده هۆشگۆڕەکان بەکاردێنن، لای پیاوان بە تایبەتی، توێژەران گەیشتنە ئەو ئەنجامەی بوونی وابەستەیی کێشەدار لەگەڵ خودا بەستراوه بە دەرهاوێشتەی ناپەسەند و خراپ.

کێندلەر و هاوڕێکانی (Kendler, Liu, Gardner, McCullough, Larson and Prescott, 2003) لە توێژینەوەیەکدا هەوڵیاندا لێکۆڵینەوە لەسەر پەیوەندی نێوان ڕەهەندەکانی ئایینداری

لەگەڵ نەخۆشییە دەروونییەکان و بەکارهێنانی مادده هۆشگۆڕەکان بکەن.

سەمپڵەکە لە (٢٦١٦) لە جمکی نێر و مێ پێکهاتبوو، حەوت رەهەندیان لە ئایینداری دەستنیشانکرد کە دووانیان (ئایینداری کۆمەڵایەتی و سوپاسگوزاری) پەیوەندییان بە کەمبوونەوەی مەترسی تووشبوون بە نەخۆشییەکانەوە هەبوو (نەخۆشی دەرەکی وەک ئالوودەبوون و نەخۆشی ناوەکی وەک خەمۆکی و نەخۆشیەکانی دڵەڕاوکێ) و چوار لەو رەهەندانە (ئایینداری گشتی، خودای کارا، لێبووردەیی، خودای برِیاردەر) تەنها پەیوەندییان بە کەمکردنەوەی مەترسی تووشبوون بە نەخۆشییە دەرەکییەکان هەبوو، رەهەندی رقهەڵنەگرتن بە تەنها پەیوەندی بە کەمکردنەوەی مەترسی تووشبوون بە نەخۆشییە ناوەکییەکان هەبوو.

لە ڕوانگەی ئایینی ئیسلامەوە، بە حوکمی ئەوەی کە ماددە هۆشگۆڕەکانی لە جۆری ئەلکحول وماددەکانی دیکە قەدەغەکراون، واتە حەرامن، بۆیە شتێکی ئاساییە کە ئەو کەسەی ئاستی ئایینداری بەرز بێت، دوورتر دەبێت لە بەکارهێنانی ئەم جۆرە ماددانە، بەڵام کێشەیەک هەیە لەسەر ئالوودەبوون بە جگەرە. دەشیٚ هەندیٚ کەسی ئاییندار ئالوودە بێت بە جگەرە، چونکە بە بۆچوونی خۆیان جگەرە قەدەغەکراو نییە، بە پێچەوانەوە، ئەگەر کەسێکی ئاییندار پێیوابێت کە جگەرەش ماددەیەکی هۆشگۆڕ و قەدەغەکراوە، ئەوا بە هەمان شێوە پەیوەندییەکی پێچەوانە لە نێوان جگەرەکێشان و ئایینداری دەدۆزینەوە .

ئایینداری و کێشەی خۆکوشتن:

خۆکوشتن (Suicide) یەکێکە لەو کێشە سەرەکییانەی کە
ڕووبەڕووی زۆر لە کۆمەڵگاکان دەبێتەوە، بە کۆمەڵگای کوردی
موسڵمانیش، لە خوارەوە کورتەی شەش لە توێژینەوەکان دەخەمە ڕوو
کە لەسەر پەیوەندی نێوان ئایینداری و خۆکوشتن کراوە.

محەممەد ئێسکین (Eskin 2004) توێژینەوەیەکی لەسەر
کاریگەری پەروەردەی ئایینی بەرانبەر بە پەروەردەی نائایینی
(سێکیولەر) لەسەر بیرکردنەوەی هەرزەکاران لە خۆکوشتن و
هەڵوێستیان بەرانبەری لە تورکیا بە ئەنجام گەیاند.

دوو گرووپ لە هەرزەکاران بەشدارییان لەم توێژینەوەیە کرد:
گرووپێک کە پەروەردەی ئایینیان وەرگرتووە، کە ژمارەیان ٢٠٦ بوو،
گرووپەکەی دیکەیان پەروەردەی نائایینی (یان سێکیولەریان)
وەرگرتووە و ژمارەیان ٢١٤ هەرزەکار بوو.

ئەنجامی توێژینەوەکە دەریخست کە بیرکردنەوە لە خۆکوشتن زیاتر
لای ئەو هەرزەکارانە باو بوو کە پەروەردەی نائایینی کرابوون، ئەو
گرووپە زیاتر قبوڵی خۆکوشتنیان دەکرد بە بەراورد بەو گرووپەی
پەروەردەی ئایینی کرا بوون، بەڵام گرووپی پەروەردەی ئایینی زیاتر
قبوڵی ئەو هاوڕێیانەی دەکرد کە بیریان لە خۆکوشتن کردۆتەوە بە
بەراورد بە گرووپی پەروەردەی نائایینی.

له مالیزیاش، زورەیدە و ئەحمەد (Zuraida and Ahmad 2007) توێژینەوەیەکیان لەسەر پەیوەندی نێوان بیرکردنەوە لە خۆکوشتن و ئایینداری کرد لای ئەو نەخۆشانەی که خەمۆکن. ٥١ نەخۆش بەشدارییان لەم توێژینەوەیەدا کرد که به تووشبوو به نەخۆشی خەمۆکی سەرەکی، یان دووجەمسەری دەستنیشانکرابوون که تەمەنیان ٤١ ساڵ بوو (ژن و پیاو و له چوار ئایینی سەرەکی: ئیسلام، بودیزم، هیندۆس و مەسیحی)، ئەو نەخۆشانەی که ئایینیان لا گرنگ بوو، کەمتر بیریان له خۆکوشتن دەکردەوه به بەراورد بەو نەخۆشانەی که ئایینیان لا گرنگ نەبوو، ئەم ئەنجامه روونتربوو لای نەخۆشه موسڵمانەکان، توێژەرەکان گەیشتنه ئەو دەرئەنجامەی که گرنگییدان به ئایین ڕۆڵێکی پارێزەری دژی بیرکردنەوە له خۆکوشتن هەیه.

له شانشینی یەکگرتوو، زێین کەمال و کێیت لۆوێنتال (& Kamal Lowenthal 2002) توێژینەوەیەکیان لەسەر بیروباوەڕ و رەفتاری خۆکوشتن لای موسڵمان و هیندۆس کرد،٤٠ لاوی هیندۆسی و ٦٠ لاوی موسڵمان بەشدارییان لەم توێژینەوەیه کرد.

توێژینەوەکه چەند جیاوازییەکی نێوان ئەم دوو گرووپه دەستنیشانکرد، لاوه هیندۆسەکان کەمتر بڕوایان به هۆکاری ئەخلاقی بوو بۆ ژیان به بەراورد به موسڵمانەکان، ئافرەتان به گشتی کەمتر گرنگیان دەدا به هۆکاری پەیوەست به خێزان، یان ترس له خۆکوشتن به بەراورد به پیاوان.

سەبارەت بە بیرکردنەوە لە خۆکوشتن، پلاندان و ڕەفتاری خۆکوژی، جیاوازییەکی ئەوتۆ لە نێوان گرووپەکاندا نەبوو کە شایەنی باس بێت، بە بۆچوونی توێژەران، جیاوازی ناوەڕۆکی کتێبە ئاسمانییەکان لە ئیسلام و هیندۆسی سەبارەت بە خۆکوشتن، هۆی ئەو جیاوازییە بوو کە لە نێوان گرووپەکان تێبینی کران.

کۆمەلێک توێژەر لە کەنەدا (Rasic, Kisely and Langille 2011) لێکۆلینەوەیەکیان بۆ بەدیارخستنی پەیوەندی نێوان ئاین و ئەگەری تووشبوون بە خەمۆکی و ڕەفتاری خۆکوژی و بەکارهێنانی مادده هۆشگۆڕەکان (هۆشبەرەکان) لای هەرزەکاران، کرد.

١٦١٥ خوێندکاری هەرزەکار کە تەمەنیان لە نێوان ١٥ تا ١٩ سالّ بوو بەشدارییان لە توێژینەوەکە کرد. توێژینەوەکە لە سالّی ٢٠٠٦ ئەنجامدرا و بەدیاریخست کە زۆر گرنگییدان بە ئاین لای کچان پەیوەندی هەبوو بە نزمبوونەوەی ئەگەری تووشبوون بە خەمۆکی، بیرکردنەوە لە خۆکوشتن، خواردنەوە و بە بەکارهێنانی ماریوانا (ماددەیەکی هۆشبەره)، هەروەها بەشداریکردنی زۆر لە چالاکییه ئاینییەکان فاکتەرێکی پارێزەر بوو لە بەرانبەر ڕەفتاری بەکارهێنانی مادده هۆشگۆڕەکان و بیرکردنەوە لە خۆکوشتن. گرنگی ئاین کاریگەرییەکی پارێزەری لاوازی هەبوو بەرانبەر بە خەمۆکی و بیرکردنەوە لە خۆکوشتن لای کچان بە پێچەوانەی بەشدارییکردن، بەلّام ئەم پەیوەندییە لای کوڕان تێبینی نەکرا. بەشدارییکردن لە چالاکییه ئاینییەکان پەیوەندییەکی بەردەوامی هەبوو بە کەمتر بەکارهێنانی

مادده هۆشگۆڕەکان لای کچان، بەڵام گرنگیدان بە ئایین ئەم
پەیوەندییەی نەبوو، لای کوڕان، گرنگییدان بە ئایین ڕۆڵێکی پارێزەری
هەبوو لە بەرانبەر بەکارهێنانی ماریوانا لای کوڕان و بەشداربوونیان لە
چالاکییە ئایینییەکان ڕۆڵێکی پارێزەری هەبوو لە بەرانبەر
زۆرخواردنەوە، دەرەنجامی ئەم تویژینەوە ڕۆڵی پارێزەری ئایینداری
لای هەرزەکارانی کەنەدی دەسەلمێنێت.

راسیک لەگەڵ کۆمەڵێک تویژەری دیکە (,Rasic, Robinson
Bolton, Bienvenu and Sareen, 2011) تویژینەوەیەکیان لەسەر
پەیوەندی دریژماوەی نێوان ئامادەبوونی لە پەرستشە ئایینییەکان و
ڕۆحانیەت لەگەڵ خەمۆکی گەورە، تێکچوونەکانی دڵەڕاوکێ و
بیرکردنەوە و هەوڵدان بۆ خۆکوشتن کرد. تویژینەوەکە لەسەر ١٠٩١
کەس کرا، لە ئەنجامدا بەدیارکەوت ئەو کەسانەی کە بەلای کەمەوە لە
سالێک جارێک بەشدارییان لە چالاکییە ئایینەکان کردووە ئەگەری هەوڵی
خۆکوشتنیان کەم بۆتەوە بە بەراورد بەو کەسانەی کە هەرگیز
بەشدارییان لەم جۆرە چالاکییانە نەکردووە، هەوڵدان بۆ بەدەستهێنانی
ئاسوودەیی ڕۆحییش ئەگەری بیرکردنەوەی لە خۆکوشتن
کەمکردۆتەوە.

لە دەرەنجامدا تویژەران ڕوونی دەکەنەوە کە وادیارە ئامادەبوون لە
چالاکییە ئایینیەکان فاکتەرێکی پارێزەر بێت لە دژی هەوڵی
خۆکوشتندا.

ژمارەیەکی زۆر لە توێژەران (Kaslow et al 2004) بەشدارییان لە
توێژینەوەیەك کرد دەربارەی ئەو فاکتەرە کەسییانەی پەیوەندییان بە
رەفتاری خۆکوشتن لای پیاو و ژنە ئەفریقییە ئەمەریکییەکان هەیە کە
ئاستی دارایییان نزمە.

سامپڵی توێژینەوەکە لە ٢٠٠ کەس پێکهات و لەسەر چوار گرووپ
دابەشبوون (٥٠ پیاو کە هەوڵی خۆکوشتنیان نەداوە، ٥٠ پیاو کە هەوڵی
خۆکوشتنیان داوە، ٥٠ ئافرەت کە هەوڵی خۆکوشتنیان نەداوە، ٥٠
ئافرەت کە هەوڵی خۆکوشتنیان داوە). توێژینەوەکە جیاوازی بەرچاوی
بەدی کرد لە نێوان گرووپە هەوڵدەرەکان و هەوڵنەدەرەکان، ئەوەی
پەیوەندی بە بابەتی ئەم کتێبەوە هەبێت، ئەنجامی توێژینەوەکە
دەریخست ئەو کەسانەی هەوڵی خۆکوشتن دەدەن ئاستی ئایینداریان
نزمترە بە بەراورد بەو کەسانەی کە هەوڵی خۆکوشتن نادەن.

سەرنج:

شتێکی زانراوە کە زۆربەی زۆری ئایینەکان دژی خۆکوشتنن و بە
پیرۆزی تەماشای ژیانی مرۆڤ دەکەن، بۆیە شتێکی ئاسایییە کە تێبینی
ئەوە بکەین مرۆڤە ئاییندارەکان پەنا نابەنە بەر خۆکوشتن، ئەگەرچی
بیریشی لێ بکەنەوە، چونکە بە بۆچوونیان ئەم کارە دژی ویستی
خودایە.

ئایینداری و کێشەکانی خێزان

خێزان ڕۆڵێکی گرنگی لە ژیانی تاکەکانی بە گشتی و لە ژیانی ئایینییان بە شێوەیەکی تایبەتی هەیە، بۆیە بوونی کێشە لە نێو خێزاندا، لە زۆربەی حاڵەتەکاندا، کاریگەری نێگەتیڤ و خراپی لەسەر لایەنی دەروونی ئەندامەکانی دەبێت، کۆمەڵێک توێژینەوە لەسەر پەیوەندی نێوان کێشەکانی خێزان و ئایینداری کراوە و لە خوارەوە ئاماژە بە کورتەی حەوت لەم توێژینەوانە دەکەم.

سەبارەت بەوەی کە ئایا پێگەیاندنی کۆمەڵایەتی ئایینی، یان نائایینی کاریگەری لەسەر خۆگونجاندن هەیە، هەنسپێرگەر و پرات و پانسەر (Hunsberger, Pratt & Pancer, 2001) دوو توێژینەوەیان ئەنجامدا.

لە توێژینەوەی یەکەمدا ٢١٦ خوێندکار لە زانکۆی کەنەدی بەشدارییان کرد کە پاشخانی ئایینی جیاجیایان هەبوو، واتە بە شێوازی ئایینی و نائایینی جیاواز پەروەردە کرابوون، ئەنجامی ئەم توێژینەوەیە دەریخست کە پاشخانی جیاجیای ئایینی هیچ پەیوەندییەکی بە پێوەرەکانی خۆگونجاندن نەبوو.

لە توێژینەوەی دووەمدا ٦١٥ خوێندکاری ئامادەیی بەشدارییان کرد و بە هەمان شێوە کرانە چەند گرووپێک بە پێی پاشخانی ئایینی خێزانەکانیان، لەم توێژینەوەیەشدا پاشخانی ئایینی خێزان لە پەروەردەکردندا هیچ پەیوەندیەکی بە پێوەرەکانی خۆگونجاندن نەبوو

که بریتی بوون له خەمۆکی، ڕێزگرتن له خود، گەشبینی و پاڵپشتی کۆمەڵایەتی.

ئەم توێژەرانه دەگەنه ئەوه دەرەنجامەی که ئەنجامی ئەم دوو توێژینەوەیه پاڵپشتیەکی زۆر کەمی ئەو بۆچوونه دەکات که پێیوایه پێگەیاندنی کۆمەڵایەتی ئایینی کاریگەری پۆزەتیڤی لەسەر خۆگونجاندنی گەنجاندا هەیه، بەڵام ئاستی ئایینداری ئێستای گەنجەکان پەیوەندییەکی لاوازی به پێوەرەکانی خۆگونجاندن هەبوو.

ویب و ویتمەر (Webb & Whitmer, 2003) توێژینەوەیەکیان، دەربارەی پەیوەندی نێوان ئاستی ئایینداری دایک و باوک و مێژووی خراپ مامەڵه لەگەڵکردن و مانەوەی بیروباوەڕ له خێزان، کرد.

سامپڵی ئەم توێژینەوەیه له ١٦٧ خوێندکاری زانکۆ پێکهات و وەڵامی دوو ڕاپرسییان دایەوه دەربارەی ئایینداری دایک و باوک و مێژووی بوونی خراپ مامەڵه لەگەڵکردن له ڕووی سۆزی و جەستەیی. ئەنجامەکانی ئەم توێژینەوەیه دەریخست که پەیوەندییەکی نێگەتیڤ له نێوان بوونی خراپ مامەڵه لەگەڵکردن و مانەوەی بیروباوەڕ هەیه، هەروەها ئایینداری دایک و باوک پەیوەندی پۆزەتیڤی هەبوو لەگەڵ مانەوەی بیروباوەڕ لای منداڵان و پەیوەندی نێگەتیڤی هەبوو لەگەڵ خراپ مامەڵه لەگەڵکردندا، واته ئەو دایک و باوکەی ئاستی ئاییندارییان بەرزه، کەمتره به خراپ مامەڵ لەگەڵ منداڵەکانیان دەکەن به بەراورد بەو دایک و باوکانەی که ئاستی ئایینداریيان نزمه.

براون و هاوڕێکانی (Brown, Nesse, House & Utz, 2004)
توێژینەوەیەکیان لەسەر پەیوەندی نێوان ئایین و قەرەبووکردنەوەی
سۆزداری لای ئەوانەی هاوسەرەکانیان لەدەستداوە کرد.

توێژەران هەوڵی ئەوەیاندا ئەو گریمانە تاقی بکەنەوە کە دەڵێت:
لەدەستدانی هاوسەر دەبێتە هۆی ئەوەی کە گرنگی بیروباوەڕی ئایینی
و ڕۆحی لای کەسی لەدەستدەر زیاتر بێت، بۆ ئەم مەبەستە ١٠٣
بێوەژن و بێوەمێرد بەشدارییان لەم توێژینەوەیەدا کرد و سێ جار
زانیاری پێویستیان بە توێژەران دا، جاری یەکەم لە دوای شەش مانگ و
جاری دووەم لە دوای ٢٤ مانگ و جاری سێیەم لە دوای ٤٨ مانگ پاش
لە دەستدانی هاوسەرەکەیان، ئەم گرووپە بەراورد کرا بە گرووپێکی
دیکە کە هاوسەرەکانیان لەدەستنەدابوو (واتە گرووپی کۆنترۆڵکراو).

ئەنجامەکانی ئەم توێژینەوەیە دەریخست کە بیروباوەڕی ئایینی و
ڕۆحی ئەو کەسانەی هاوسەرەکانیان لەدەستداوە بە بەراورد بە گرووپی
کۆنترۆڵکراو (واتە ئەو کەسانەی کە هاوسەرەکانیان لەدەستنەداوە)
زیادیکردووە، هەروەها زیادبوونی ئەم بیروباوەڕە پەیوەندی هەبوو بە
کەم بوونەوەی خەمی لەدەستدان، بەڵام کاریگەری لەسەر
کەمکردنەوەی خەمۆکی نەبوو، وێڕای ئەمەش، ئەنجامەکان نیشانیاندا
ئەو کەسانەی هەستیان بە نائارامی کردووە زیاتر سوودیان لە
زیادبوونی بیروباوەڕی ئایینی و ڕۆحی وەرگرتووە.

فینچام و هاوکارانی (Fincham, Beach, Lambert, Stillman & Braithwaite, 2008) سێ توێژینەوەیان سەبارەت بە ڕەفتاری ڕۆحانی و ئاستی ڕازیبوون لە پەیوەندی هاوسەرگیری ئەنجامدا، بە تایبەتیش لێکۆڵینەوەکەیان لەسەر ڕۆڵی دوعا، یان نزاکردن بۆ هاوسەر بوو.

لە توێژینەوەی یەکەمدا ٣٠٢ کەس بەشدارییان کرد، ئامانجی لێکۆڵینەوەی پەیوەندی درێژخایەن بوو، ئەنجامی ئەم توێژینەوەیە دەریخست کە دوعاکردن بۆ هاوسەر پێشبینی ئاستی ڕازیبوون لە پەیوەندی نێوانیانی کرد، بەڵام پێچەوانەکەی ڕاست نەبوو.

لە توێژینەوەی دووەمدا ١٩١ کەس بەشداری کرد، ئامانجی ئەوە بوو بزانێت ئایا دوعاکردن بە گشتی، یان دوعاکردن بە تایبەتی بۆ هاوسەر کاریگەری لەسەر پەیوەندی هاوسەرگیری هەبووە؟ ئەنجامی ئەم توێژینەوەیە ئاشکرای کرد کە دوعاکردن بۆ هاوسەر کایگەریەکی تایبەتی هەیە، ئەم کاریگەرییەش گەورەترە لە ڕەفتار پۆزەتیڤ و نێگەتیڤەکانی ژن و مێرد.

لە توێژینەوەی سێیەمدا ٣٦٠ بەشداری کرد و ئامانج لێی دۆزینەوەی ئەو فاکتەرانە بوو کە لە نێوان کاریگەری دوعاکردن بۆ هاوسەر و جۆری پەیوەندی نێوانیان، ئەنجامی ئەم توێژینەوەیە بەدیاریخست کە زیادبوونی پابەندی فاکتەرێک بوو لە نێوان دوعاکردن و ڕازیبوون لە پەیوەندی هاوسەرگیری، لێکدانەوەی ئەم ئەنجامانەش بەم شێوەیە

بوو: دوعاکردن بۆ هاوسەر کاریگەری لەسەر پابەندبوونی درێژخایەن و
ڕازیبوونی هاوسەرەکان لە پەیوەندییەکانیان، هەیە.

لیچتەر و کارمالت (Lichter and Carmalt 2009)
توێژینەوەیەکیان بۆ بەدیارخستنی ڕۆڵی ئایین (ئینتما و بیروباوەڕ و
پیادەکردن) لە بەهێزکردن و جێگیرکردنی ژیانی هاوسەرگیری لای ئەو
خێزانانەی کەمدەرامەتن لە ویلایەتە یەکگرتووەکانی ئەمریکا
ئەنجامدا.

ئەم لێکۆڵینەوەیە لەسەر ٤٣٣ ژن و مێرد ئەنجامدرا، ئەنجامی
توێژینەوەکەش ئاماژەی بەوە کرد کە ژن و مێردە کەمدەرامەتەکان
نمرەیان بەرز بوو لەسەر ڕەهەندە جیاجیاکانی جۆری هاوسەرگیری (بۆ
نموونە پابەندبوون و پاڵپشتیکردن لە ڕێی سۆز و.. هتد)، هەروەها
ئەنجامی توێژینەوەکە ئەوەی دەرخست کە ئینتیما بۆ ئایین (سەر بە
ئایینێک بوون) و بیروباوەڕی ئایینی کەسیی گرنگییان کەمتره لە جۆری
هاوسەرگیری بە بەراورد بەوەی ژن و مێردەکە هەمان بیروباوەڕیان
هەبێت سەبارەت بە پلانی خودا بۆیان و بۆ پەیوەندییەکەیان، یان کە
بەیەکەوە نزا (نوێژ) دەکەن، یان بەیەکەوە لە چالاکییە ئایینییەکان
ئامادە دەبن، لە دەرەنجامدا توێژەرەکان ئاماژە بە ڕۆڵی گرنگی
ڕێکخراوە ئایینییەکان دەکەن لە پتەوکردن و پەرەپێدانی ژیانی ڕۆحی و
جۆری پەیوەندی هاوسەرگیری بۆ ئەندامەکانیان.

سەبارەت بە پەیوەندی نێوان ئاستی ئایینی خێزان و ئەگەری بوونی نەخۆشی دەروونی لای ئەو منداڵانەی کە دایکیان تووشی خەمۆکی بووە، جاکوبس و هاوڕێکانی (,Jacobs, Miller, Wickramaratne Gameroff & Weissman 2012) تویژینەوەیەکی دریژماوەیان ئەنجامدا بۆ سەلماندنی توێژینەوەیەکی پێشوویان لەسەر ئەم بابەتە.

ژمارەی ئەو دایکانەی بەشدارییان لەم تویژینەوەیەدا کرد ٤٥ بوو و ژمارەی منداڵەکانیشیان کە بوونە بەشی دووەمی سامپلّی توێژینەوەکە ٧٨ منداڵ بوو، توێژەران هەوڵیاندا چاوپێکەوتنی نیمچە ڕێکخراو بەکاربێنن بۆ دۆزینەوە ئاستی نەخۆشی خەمۆکی گەورە لە دوو کاتدا کە ماوەی نێوانیان ١٠ ساڵ بوو، ئاستی ئایینداریش لە سیّ ڕێگاوە پێورا: هەڵسەنگاندنی لایەنی ڕۆحانیەت لای کەسەکە، ئامادەبوون لە چالاکیی ئایینییەکان و پابەندبوون بە مەزهەبی ئایینی.

ئەنجامی توێژینەوەکە دەریخست کە تووشبوونی دایک بە خەمۆکی ڕێگرە لە گواستنەوەی گرنگیی ئایین بۆ نەوەکانی، بەڵام کاریگەری لەسەر ئامادەبوونی نەوەکانیان لە چالاکیی ئایینییەکان، یان پابەندبوونیان بە مەزهەبێکی دیارییکراوەوە نییە، هەروەها ئەنجامەکە ئەوەی دەرخست کە هاومەزهەبی نێوان دایک و نەوەکانی ڕۆڵێکی پارێزەر دەبینێت و ئەگەری تووش بوونی نەوەکانیان بە دڵەڕاوکێّ و خەمۆکی لە قۆناغی منداڵیدا بە ڕێژەی ٩١٪ کەم دەکاتەوە، ئەگەرچی دایکەکەش تووشی خەمۆکی بووبێت.

لەگەڵ ئەوەی ئەم توێژینەوە چەند کەموکورتیەکی تێدایە وەک: (بچووکی سامپلەکەی و سنووردداری پێوانی ئایینداری)، توێژەران گەیشتنە ئەو دەرنجامەی کە رێککەوتنی خێزان لەسەر مەزهەبێکی ئایینی و پیادەکردنی سرووتەکانی سەرچاوەیەکی بەهێزە بۆ پاراستنی گەنجان لە تووشبوون بە نەخۆشی خەمۆکی گەورە، دوور لە کاریگەری خەمۆکی دایکەکانیان.

هیگنبۆتام و هاوڕێکانی (Higginbotham et al 2007) توێژینەوەیەکیان لەسەر پەیوەندی نێوان ئایینداری و شێوازی وابەستەیی و توندتیژی لەلایەن کەسی خۆشەویستەوە، کرد.

سامپلی توێژینەوەکە لە ٢٩٩ کچە خوێندکاری زانکۆ پێکهات کە تەمەنیان لە نێوان ١٨ تا ٢٤ ساڵ بوو، لە ئەنجامی توێژینەوەکەوە بەدیارکەوت کە پەیوەندییەکی بەڵگەدار لە نێوان شێوازی وابەستەیی و ئاییندار هەیە لەگەڵ بوون بە قوربانی توندوتیژی بە دەست کەسی خۆشەویستەوە، بە گشتی ئەو کچانەی کە ئاستی ئاییندارییان نزم بوو و شێوازی وابەستەییان نائارام بوو، زیاتر رووبەڕووی توندوتیژی لەلایەن کەسی خۆشەویست بوونەوە بە بەراورد بەو کچانەی کە ئاستی ئاییندارییان بەرز و شێوازی وابەستەییان ئارام بوو، هەروەها ئەنجامەکان ئاماژەیان بەوەدا کە کاتێک پەیوەندی ئایینداری لە نێوان ژن و مێرد بەهێز بێت، ئافرەتەکە کەمتر رووبەڕووی توندوتیژی دەبێتەوە.

ئایینداری و هەستکردن بە بەختەوەری:

بەختەوەری (Happiness) بابەتێکی گرنگە لەو بابەتانەی کە سایکۆلۆجیای پۆزەتیڤ جەختی لەسەر دەکات و توێژینەوەی لەسەر ئەنجام دەدات، بەختەوەری مرۆڤ بە کۆمەڵێك فاكتەرەوە بەستراوە، یەكێكیش لەو فاكتەرانە ئایینداریییە.

لە خوارەوە ئاماژە بە کورتەی ١١ توێژینەوە دەکەم کە لێكۆڵینەوەیان لەسەر پەیوەندی نێوان ئایینداری و هەستکردن بە بەختەوەری لە نێوان گرووپە جیاوازەکاندا، کردووە.

سەبارەت بە ڕۆڵی بەشدارییكردن لە چالاكییە ئایینییەكان و ڕۆحانییەت و ئەو مانایەی کەسێك بە ژیان دەیدات لە خۆشحاڵی دەروونی کەسانی بەسالاچوو، فرێی (Fry, 2000) توێژینەوەیەکی لەسەر ٣٤٠ کەسی بەسالاچوو کرد لە کەنەدا کە تەمەنیان لە ٦٠ ساڵ زیاتر بوو.

ئەم کەسە بەسالاچووانە هەندێکیان لە خانووی ئاساییدا دەژیان و هەندێکی دیکەیان لە خانەی بەسالاچووان، ئەنجامەکان نیشانیاندا کە بوونی مانای کەسی بۆ ژیان و بەشدارییكردن لە ئایینە فەرمییەکان و چالاكییە ڕۆحییەکان و گرنگی ئایین و ئاستی ئەو ئاسوودەییەی کە لە ئایین وەردەگیرێت و هەبوونی هەستکردن بە ئارامی و گەیشتن بە سەرچاوه ئایینییەکان بە ئاسانی، ئەمانە هەموو پێشبینی گرنگ بوون بۆ هەستکردن بە خۆشحاڵی لای بەشداربووان، زیاتر لەوەش، ئەنجامەکان سەلماندیان کە بوونی مانا بۆ ژیان و ئایینداری و ڕۆحانییەت ڕۆڵێکی

گرنگتر، له هەندێ گۆڕاوی دیمۆگرافی وەک: سەرچاوەی کۆمەڵایەتی و تەندروستی و رووداوە ناخۆشەکانی ژیان، دەبینێت له هەستکردنی بەسالاچووان به خۆشحالی.

ئای و پیترسن و هوانگ (Ai, Peterson & Huang, 2003) توێژینەوەیەکیان لەسەر سامپلێک له موسلمانانی کۆسۆڤۆ و بۆسنیه که پەناهەندە بوون له ویلایەته یەکگرتووەکانی ئەمەریکا، کرد.

توێژەران هەولیاندا کاریگەری هەلکردنی ئایینی/ رۆحی لەسەر دروستبوونی هەلوێستی پۆزەتیڤ لای ئەم گرووپه بزانن، بۆ ئەم مەبەسته، توێژەران زانیارییان سەبارەت به ئاستی ئاییندارى، زەبری جەنگ، هەلکردنی ئایینی/ رۆحی، گەشبینی و هیوا لای ١٣٨ پەنابەر کۆکردەوه، ئەنجامی ئەم توێژینەوەیه بەدیاری خست که گەشبینی پەیوەندی پۆزەتیڤی به شێوازی هەلکردنی ئایینی/ رۆحی پۆزەتیڤ هەبوو، که ئەمەشیان پەیوەندی به زیادبوونی ئاستی ئایینداریەوە هەبوو، بەلام هیوا پەیوەندییەکی نێگەتیڤی به شێوازی هەلکردنی ئایینی/ رۆحی نێگەتیڤ هەبوو.

لویس و مالتبی و دەی (Lewis, Maltby & Day 2005) توێژینەوەیەکیان لەسەر پەیوەندی نێوان ئایین و بەختەوەری له میرنیشینه یەکگرتووەکان کرد، لەم توێژینەوەیەدا، توێژەران به جیا مامەلەیان لەگەل خودخۆشحالی (Subjective Well-being) و خۆشحالی دەروونی (Psychological Well-being) کرد.

بەشداربوونی ئەم تویژینەوەیە ١٢٨ کەسی گەورە بوون، لە ئەنجامدا بە شێوەیەکی گشتی هیچ جیاوازییەکی مانادار بەدی نەکرا لە نێوان نمرەکانی بەشداربووان لە پێوەری ئایینداری وپێوەری بەختەوەرییدا، بەڵام بە شێوەیەکی تایبەتی پەیوەندییەکی مانادار هەبوو لە نێوان بەرزی نمرەکان لەسەر پێوەری ئایین، وەک: ئامانج و پێوەری هەڵکردنی ئایینی پۆزەتیڤ لەلایەک و بەرزی نمرەکان لەسەر پێوەری ئۆکسفۆرد بۆ بەختەوەری، تویژەران گەیشتنە ئەو دەرەنجامەی کاتێک ئایینداری پەیوەندی بە بەختەوەرییەوە هەیە، ئەوا لە راستیدا پەیوەندییەکە لەگەڵ خۆشحاڵی دەروونییە کە ئەمەش رەنگدانەوەی گەشەی مرۆیی و گوزەرانی پۆزەتیڤ و پرسە وجودییەکانە لە ژیاندا.

کریستاڵ پارک (Park, 2006) تویژینەوەیەکی بە مەبەستی دۆزینەوەی پەیوەندی لە نێوان ئایینداری و مانای رووداوە ناخۆشەکان و خۆگونجاندن لەگەڵ ئەو کێشە دژوارانەی کە بەساڵاچووان رووبەرووی دەبنەوە ئەنجامدا، ٨٣ کەسی بەساڵاچوو و کە ناوەندی تەمەنیان زیاتر لە ٧٧ ساڵ بوو بەشدارییان لەم تویژینەوەیە کرد و زانیارییاندا لەسەر ئەو کێشانەی رووبەرووییان بۆتەوە، هەڵسەنگاندنیان بۆ ئەم رووداوانە و ئاستی ئایینداری و ئەو شێوازە ئاییانەی بەکاریانهێناوە بۆ هەڵکردن لەگەڵ کێشەکاندا، لە دوای مانگێکدا، ٦٩ لە بەشداربووان زانیارییان سەبارەت بە خۆگونجاندن (نیشانەکانی خەمۆکی، تەندورستیان، گەشەکردن لە ئەنجامی فشاردا)، لە ئەنجامدا بەدیارکەوت کە ئایینداری پەیوەندی بەو مانایانە هەیە کە تاک دەیخاتە پاڵ سەرچاوەکانی فشار و

پەیوەندی لەگەڵ خۆگونجاندندا هەیە، بەڵام پاڵپشتییەکی لاواز هەبوو
بۆ ئەو بۆچوونەی کە پێیوایە ئەو مانایانەی کە دەدرێنە پاڵ
ڕووداوەکان دەکەونە نێوان ئایینداری و خۆگونجاندن.

لە توێژینەوەیەك لەسەر خوێندکارانی زانکۆ لە کوەیت، ئەحمەد
عەبدولخالق (Abdel-Khalek, 2006) هەوڵیدا لە پەیوەندی نێوان
بەختەوەری و تەندروستی و ئایینداری بکۆڵێتەوە، هەروەها گرنگیدا بە
جیاوازی نێوان کوڕان و کچان سەبارەت بەم سێ گۆڕاوە، سامپڵەکەی
لە ٢٢١٠ خوێندکاری زانکۆ پێکهات (١٠٥٦ کور و١١٥٤ کچ)، ئەنجامی
توێژینەوەکە ئەوەی دەرخست موسڵمانی کوەیتی ئاییندار
بەختەوەرترە.

گرین و ئیلیۆت (Green & Elliott 2010) توێژینەوەیەکیان کرد
سەبارەت بە پەیوەندی نێوان ئایینداری و تەندروستی و خۆشحاڵی بە
دوورخستنەوەی کاریگەری پیشە وخێزان لەسەر ئەم پەیوەندییە. بۆ
ئەم مەبەستە زانیارییەکانیان لە توێژینەوەیەکی پێشوو وەرگرت کە لە
ساڵی ٢٠٠٦ ئەنجامیان دابوو و قەبارەی سامپڵەکە زیاتر لە هەزار کەس
بوو کە تەمەنیان لەسەرووی ١٨ ساڵ بوو، ئەنجامی توێژینەوەکە
دەریخست کە ئەو کەسانەی خۆیان بە ئاییندار لەقەڵەم داوە، ئاستی
تەندروستی و خۆشحاڵیان بەرزە بە بێ ڕەچاوکردنی جۆری ئایینەکە،
چالاکی ئایینی، پیشە، خێزان، پاڵپشتی کۆمەڵایەتی و باری دارایی
کەسەکە، ئەو کەسانەی کە خاوەن بیروباوەڕی ئایینی ئازاد بوون،
هەرچەندە وا بەدیارکەوت کە تەندورستیان باشترە، بەڵام ئاستی

خۆشحاڵییان نزمتر بوو به به‌راورد به‌و که‌سانه‌ی که بیروباوه‌ڕی ئایینی توونديان هه‌بوو.

جێڤ لێڤین (Levin 2013) تويژينه‌وه‌یه‌کی له‌سه‌ر په‌یوه‌ندی نێوان ئایین و به‌خته‌وه‌ری له‌نێو جووله‌که‌کانی ئیسرائیل کرد، سامپڵه‌که ۹۹۱ که‌سی گرته‌خۆی و داتاکانی ساڵانی ۲۰۰۹ و۲۰۱۰ ی به‌کارهێنا. گشت پێوه‌ره‌کانی ئایینداری که له تويژينه‌وه‌که به‌کارهات (چوون بۆ په‌رستگا، دوعا و نوێژکردن، بێگومانی باوه‌ڕبوون به خودا، بڕوا به شته‌کانی سه‌رووی سروشت و پێوه‌ری خودی بۆ ئایینداری) په‌یوه‌ندیه‌کی پۆزه‌تیڤ و ماناداریان له‌گه‌ڵ به‌خته‌وه‌ری هه‌بوو، ته‌نها پێوه‌ری خودی بۆ ئایینداری کاریگه‌ری ڕاسته‌وخۆی هه‌بوو له‌سه‌ر به‌خته‌وه‌ری، پێوه‌ره‌کانی دیکه‌یش کاریگه‌رییان هه‌بوو، به‌ڵام به شێوه‌یه‌کی ناڕاسته‌وخۆ.

له‌ژێر ناونیشانی: کێ سوود له ئایین وه‌رده‌گرێت؟ مۆچۆن و نۆرتۆن و ئاریه‌لی (Mochon, Norton, Ariely 2011) تويژينه‌وه‌یه‌کیان له‌سه‌ر سامپڵێکی گه‌وره کرد به مه‌به‌ستی دۆزینه‌وه‌ی په‌یوه‌ندی نێوان به‌شداربوون له چالاکیه ئایینیه‌کان و هه‌ستی که‌سه‌که به خۆشحاڵی و ساغی (subjective well-being). ڕوومالّه‌که له ڕێگه‌ی ئینته‌رنێته‌وه کراو له ۵۰ ویلایه‌ته یه‌کگرتووه‌کانی ئه‌مریکا و ٦٤٦٥ که‌س به‌شداری تێدا کرد.

ئه‌نجامه‌کانی تويژينه‌وه‌که ده‌ریخست که په‌یوه‌ندییه‌کی پۆزه‌تیڤ له نێوان ئایینداری و هه‌ستکردن به خۆشحاڵی هه‌یه، به‌ڵام ئه‌نجامه‌که

ئەوەشی دەرخست کە ئەوە کەسانەی ئاستی ئاییندارییان بەرزە سوود لە ئایین وەردەگرن، ئەوانەی بڕوایان لاوازە ئاستی هەستکردن بە خۆشحاڵیان نزمترە لەو کەسانەی بێبڕوان، یان بە گومانن..

حوسێن و هاوڕێکانی (Hussain, Weisaeth & Heir, 2011) تویژینەوەیەکیان کرد بە مەبەستی دۆزینەوەی ئەو گۆڕانکارییانەی لە بیروباوەڕی ئایینی ڕوودەدات کاتێک کەسەکان ڕووبەڕووی کارەساتی سروشتی دەبنەوە، هەروەها ئامانجی تویژینەوەکە دۆزینەوەی ئەو پەیوەندییە بوو کە ئایینداری بە ناڕەحەتی دەروونی دوای کارەسات، یان ڕازیبوون لە ژیان دەبەستێتەوە.

سامپڵی ئەم تویژینەوەیە لە ١١٨٠ کەسی نەرویجی پێکهات کە رزگاریان ببوو لە تسۆنامی (لافاوی) ساڵی ٢٠٠٤ کە چەند وڵاتێکی لە باشووری ڕۆژهەڵاتی ئاسیای گرتەوە.

ئەنجامی ئەم تویژینەوەیە دەریخست ڕێژەی ٨٪ لەم کەسانە بیروباوەڕی ئایینیان بەهێز بوو لە دوای ئەم کارەساتەوە، لە بەرانبەر ڕێژەی ٥٪ کە بیروباوەڕی ئایینیان لاواز بوو، بەهێزبوونی بیروباوەڕی ئایینی پەیوەندی هەبوو بە کێشە دەروونییەکانی ئەم کەسانە لە پێش ڕوودانی سونامی و بوونی فشاری دوای زەبر (الصدمە) لە کاتێکدا لاوازبوونی بیروباوەڕ لای ئەو کەسانە بوو کە بە تەمەن گەنجتر بوون، بە هەمان شێوەش فشاری دوای زەبریان هەبوو.

لە دوای تێپەڕبوونی دوو ساڵ بەسەر ئەم کارەساتەدا، ڕێژەی ١١٪ لەم رزگاربووانە خۆیان بە کەسانی ئاییندار حسێب دەکەن، بەڵام ئەم

تویژینەوەیە هیچ جیاوازیەکی بەڵگەداری نەدۆزیەوە لە نێوان گرووپە ئاییندار و نائاییندارەکە سەبارەت بە فشاری دوای زەبر و حاڵەتی گشتی نەخۆشی دەروونی و رازیبوون لە ژیاندا، تویژەران گەیشتنە ئەو دەرەنجامەی کە بە شێوەیەکی گشتی ئایین رۆڵێکی گرنگی لە ژیانی ئەو نەرویجیانەدا نەبینیوە کە لە تسۆنامی رزگاریان بووە، ئەو کەسانەی کە زیاتر رووبەرووی ئەم کارەساتە بوونەوە، زیاترین گۆڕان لە بیروباوەڕی ئایینیاندا روویداوە لە هەردوو ئاڕاستەدا، واتە زیادبوون و کەمبوون، هەروەها بیروباوەڕی ئایینی نەبووە رێگر لەوەی ئەم کەسانە تووشی نارەحەتی دەروونی درێژخایەنی دوای کارەسات نەبن و ئایینداری پەیوەندی نەبوو بە ئاستێکی بەرزتر لە رازیبوون لە ژیانیاندا.

ئامانجی تویژینەوەکەی مایلێڤسکی و لێڤیت (Milevsky & Levitt 2004) ئەوە بوو کە کاریگەری دوو جۆر لە ئایینداری (ئایین وەک مەبەست و ئایین وەک ئامراز) هەڵسەنگێنێت لای سامپڵێک لە مێردمنداڵان و هەرزەکاران لە پۆلی شەش تا هەشت و ژمارەیان ٦٩٤ بوو لە ویلایەتە یەکگرتووەکانی ئەمەریکا، چاوپێکەوتن لەگەڵ ئەم خوێندکارانە دەربارەی خۆشحاڵی و ئایینداری کرا. ئەوانەی نمرەیان بەرز بوو لە هەردوو جۆر ئایینداری، نمرەیان لەسەر هەندێ لە پێوەرەکانی خۆگونجاندنی دەروونی بەرز بوو، بە بەراورد بەوانەی نمرەیان لەسەر ئەم دوو جۆرە ئاییندارییە نزم بوو، کچان نمرەیان لەسەر پێوەری ئایینداری (ئایین وەک مەبەست) بەرزتر بوو لە کوڕان.

هۆڵدەر و کۆلمان و واڵاس (Holder, Coleman and Wallace
2010) توێژینەوەیەکیان لەسەر پەیوەندی ڕۆحانیەت و ئاییندارى و
بەختیارى لاى منداڵان لە تەمەنى ٨ تا ١٢ ساڵ کرد، ئەم توێژینەوەیە
لەسەر ٣٢٠ منداڵ لە قوتابخانە گشتییەکان (حکومییەکان) و
تایبەتەکان (ئایینییەکان) کرا، بێجگە لە منداڵان خۆیان، دایک و
باوکانیشیان بەشدارییان لە هەڵسەنگاندنی ئاستى بەختەوەری
مندالّەکانیان کرد، ئەنجامی توێژینەوەکە دەریخست کە ڕەهەندی
ڕۆحانى منداڵان، نەک پیادەکردنی ئەرکە ئایینییەکان (چوون بۆ
کەنیسە، نزا یان نوێژکردن، زیکرکردن)، پەیوەندییەکی بەهێزی بە
هەستکردن بە بەختەوەرى هەیە، واتە ئەو منداڵانەى ئاستى ڕۆحانیان
بەرزتر بوو، بەختەوەرتر بوون.

بەشی شەشەم

دەرەنجام

مەبەستی سەرەکی لە نووسینی ئەم کتێبە ئەوە بوو خوێنەری کورد ئاشنا بکات بە هەندێ لە بابەتەکانی سایکۆلۆجیای ئایین، بۆیە بە پێی توانا هەوڵم داوە کە بە شێوازێکی سادە و ساکار بیرۆکەکان بخەمەڕوو، هەرچەندە ئەمە کارێکی قورسە و نازانم لەمەدا چەند سەرکەتوو بووم.

پێشبینی دەکەم کە خوێنەری سەرەکی ئەم کتێبە سێ جۆر بن:

جۆری یەکەم: خوێنەری گشتیین کە حەز دەکەن شتی تازە بخوێننەوە لەسەر کۆمەڵێک لە بابەتەکان. جۆری دووەم: لە خوێنەری ئەم کتێبە ئەو کەسانەن کە خوێنەری کتێبی ئایینین، بە تایبەتی ئیسلامی. جۆری سێیەم: لە خوێنەران ئەو کەسانەن حەز دەکەن بە تایبەتی لەسەر بابەتی سایکۆلۆجی شت بخوێننەوە.

ئەگەر ئەم کتێبە بتوانێت جۆری دووەم و سێیەم لە خوێنەران کۆبکاتەوە، ئەوا کارێکی باشی کردووە.

لەسەرەتا و لە بەشی یەکەمی ئەم کتێبە هەوڵمدا هەندێ لە زاراوە سەرەکی و گرنگەکان پێناسە بکەم، لێرەدا دوو خاڵ مایەی دووبارە جەختکردنەوەیە:

یەکەم: پێویستە ئایین لە ئایینداری جیا بکرێتەوە.

دووەم: ناونانی سایکۆلۆجیای ئایینداری گونجاوترە لە سایکۆلۆجیای ئایین.

ئەو پێناسەیەی پێشنیازم کرد بۆ ئایینداری، لە بەشی یەکەمدا، خاڵێکی بنەرەتی ئەم کتێبەیە و نووسەر بەم شێوەیە لە ئایینداری دەگات، بێگومان خوێنەریش دەشێ ئەم پێناسەیەی پێ پەسەند نەبێت و پێناسەی خۆی هەبێت، بەڵام زۆر گرنگە خوێنەری هەر کتێبێک بە ڕوونی لە تێگەیشتنی نووسەری کتێبەکە لە چەمکە سەرەکییەکان تێبگات.

لە بەشی دووەمی کتێبەکەدا بۆچوونی هەندێ لە دەروونزانانم سەبارەت بە ئایین و ئایینداری خستەڕوو، بۆمان دەرکەوت کە جیاوازیان هەیە لە تێگەیشتنیان لە چەمکی ئایینداری و پۆلێنکردنی، بەڵام بە گشتی، بێجگە لە فرۆید، زۆربەی زۆری دەروونزانە بە ناوبانگەکان پێیانوایە کە ئایینداری دەشێ سوودی بۆ لایەنی دەروونی مرۆڤ هەبێت. دیارە زۆر دەروونزانی دیکەیش هەن کە لەم بەشدا ئاماژەمان بۆ بۆچوونەکانیان نەکردووە، بۆ نموونە ئەریک ئەریکسۆن، کارل رۆجەرز و کەسانی دیکەیش، هۆیەکەشی ئەوە بوو کە نەمدەویست کتێبەکە گەورەتر بێت لەلایەک و لە لایەکی دیکەوە، بە شێوەیەکی گشتی ئەوانەی کە باسی بۆچوونەکانیشمان نەکردن، بۆچوونێکی جیاوازیان نییە لەگەڵ ئەوانەی کە باسمانکردن.

له بهشی سێییهمی ئهم کتێبهدا باسمان له گهشهکردنی ئایینداری کرد به پێی قۆناغهکانی تهمهنی مرۆڤ، به گشتی تویژینهوهکان کۆکن لهسهر ئهوهی که گۆڕانگاری بهسهر ئاست و جۆری ئایینداریدا دێت له قۆناغهکانی تهمهندا.،ههندێکیان بڕوایان وایه ههرچهنده مرۆڤ له ڕووی تهمهنهوه گهشه بکات، له ڕووی ئاییندارییشهوه گهشه دهکات، بهڵام ههندێکی دیکه له تویژهران پێیانوایه مهرج نییه لهگهڵ گهشهکردنی تهمهن، ئاییندارییش گهشه بکات، بهڵکو لهوانهیه له تهمهنێکی دیارییکراودا، ئایینداری بوونی نهمێنێت، شتێکی تازه نادرکێنم ئهگهر بڵێم تویژینهوهمان لهسهر ئهم بابهته له کۆمهڵگای کوردی نییه !

بهشی چوارهمی ئهم کتێبه دهربارهی چۆنیهتی پێوانی ئایینداری بوو، ههوڵدرا به کورتی باس له ههندێ لهم پێوهرانه بکرێت، به تایبهتی ئهوانهی بۆ کۆمهڵگای موسڵمانان ئاماده کراون، ههروهها ئاماژه به ههندێ لهم کێشانه کرا که ڕووبهڕووی پرۆسهی پێوانی ئایینداری دهبێتهوه، ئینجا نووسهر باسی چۆنیهتی دروستکردنی پێوهرێک بۆ پێوانی ئایینداری لای تاکی کوردی موسڵمان، کرد.

له کۆتایی ئهم بهشهشدا، نووسهر ههوڵیدا پۆلێنکردنێک پێشنیاز بکات به پشتبهستن به چهند ئایهتێکی قورئانی پیرۆز، مهبهست له پێشکهشکردنی ئهم پۆلێنه قورئانییه، وهنهبێ شتێکی یهکلاکهرهوه بێت، بهڵکو بۆ ئهوهیه ببێته بابهتێکی گفتوگۆ و تویژینهوه، به تایبهتی بۆ ئهوانهی گرنگی به ئایینداری لای موسڵمانان دهدهن.

١٥٣

له‌ به‌شی پێنجه‌می ئه‌م کتێبه‌، په‌یوه‌ندی نێوان ئایینداری و ده‌روون ڕوونکراوه‌ته‌وه‌، ئه‌م به‌شه‌ درێژترین به‌شی کتێبه‌که‌یه‌ و له‌وانه‌یه‌ بۆ هه‌ندێ که‌س گرنگترین به‌شی بێت، چونکه‌ بۆ هه‌ندێ له‌ خوێنه‌ره‌کان، ئه‌وه‌ی لایان گرنگه‌ بزانن، سروشتی ئه‌و په‌یوه‌ندییه‌ چۆنه‌؟ به‌ شێوه‌یه‌کی گشتی و بێ چوونه‌ نێو وردهکارییه‌کان، تو‌ێژینه‌وه‌کان ئاماژه‌ به‌وه‌ ده‌که‌ن ئه‌و که‌سانه‌ی که‌ ئاستی ئاییندارییان به‌رزه‌، ئاستی دڵڕاوکێ و خه‌مۆکی و ناڕه‌حه‌تی ده‌روونیان نزمتره‌، هه‌روه‌ها ئه‌وانه‌ی ئاستی ئاییندارییان به‌رزه‌، ئاستی خۆشحاڵی ده‌روونی و به‌خته‌وه‌ریان به‌رزه‌.

سه‌باره‌ت به‌ په‌یوه‌ندی نێوان کێشه‌کانی ئالووده‌بوون و خۆکوشتن، تو‌ێژینه‌وه‌کان به‌ره‌و ئه‌و ئاراسته‌ن که‌ ئایینداری ڕێگره‌ بۆ زۆربه‌ی خه‌ڵک له‌ به‌رده‌م تووشبوون به‌ ئالووده‌بوون، به‌ تایبه‌تی مادده‌ هۆشگۆڕه‌کانی وه‌ک ئه‌لکحول، هه‌روه‌ها له‌به‌رده‌م خۆکوشتن، سه‌باره‌ت به‌ کێشه‌کانی خێزانیش، تو‌ێژینه‌وه‌کان ئاماژه‌ به‌وه‌ ده‌که‌ن که‌ هاوسه‌ری ئاییندار که‌متر تووشی کێشه‌ی خێزان ده‌بن به‌ به‌راورد به‌ هاوسه‌ری نائاییندار.

به‌ شێوه‌یه‌کی گشتی، ئه‌نجامی ئه‌م تو‌ێژینه‌وانه‌ی که‌ باس کران ئاماژه‌ بۆ ئه‌وه‌ ده‌که‌ن که‌ ئایینداری سوودی بۆ که‌سی ئاییندار و خێزانه‌که‌ی هه‌یه‌، هه‌ندێ له‌ تو‌ێژینه‌وه‌کان ئاماژه‌ بۆ جۆرێکی تایبه‌ت له‌ ئایینداری ده‌که‌ن که‌ ناویان لێناوه‌ ئایینداری جه‌وهه‌ری، یان ڕاسته‌قینه‌، یان پێگه‌یشتوو، هه‌ندێ له‌ خوێنه‌ران، له‌وانه‌یه‌ له‌به‌ر

هەندێ هۆکاری ئایدیۆلۆجی، یان هەر هۆکارێکی دیکەی سایکۆلۆجی، گومان بخەنە سەر ئەم ئەنجامانە. دیارە ئەوە مافی خۆیانە و کەس ناتوانێت بیرۆکەیەك لەسەر ئەوانی دیکە بسەپێنێت، ئەگەرچی ئەم بیرۆکەیەش بە توێژینەوە پشتڕاست کرابێتەوە، بەڵام هیوا دەخوازم کە خوێنەر بە بیرێکی فراوان و بێلایەنانە مامەڵە لەگەڵ کتێبەکەدا بکات.

ئەوەی ڕاستی بێت، زۆر بابەتی دیکە هەن لە بواری سایکۆلۆجیای ئایین، یان ئایینداری کە ئەم کتێبە باسی نەکردوون، بۆ نموونە پەیوەندی ئایینداری بە جۆری کەسایەتی، دیاردەی ئایین گۆڕین و سایکۆلۆجیای پەرستشەکان وەك: دوعاکردن، نوێژکردن، بەڕۆژووبوون و هیتر بابەتی هۆکارەکانی ئایینداری و پەیوەندی ئایینداری بە کێشە و نەخۆشییە جەستەییەکان، هۆکاری سەرەکی فەرامۆشکردنی ئەم بابەتانە ئەوە نییە کە گرنگ نیین، یان توێژینەوەیان لەسەر نەکراوە، بە پێچەوانەوە. دوو هۆی سەرەکی هەن:

یەکەم: حەزم نەکرد قەبارەی کتێبەکە گەورە بێت، چونکە مرۆڤی سەردەم کاتی ئەوەی نەماوە کتێبی قەبارە گەورە بخوێنێتەوە !

دووەم: ئامانج لە نووسینی ئەم کتێبە ئەوە بوو بۆ ئەوەی ببێتە پێشەکییەك لەسەر بابەتی سایکۆلۆجیای ئایین، کە من بە زمانی کوردی هیچ کتێبێکم نەبینییوە کە لەسەری نووسرا بێت، لەم حاڵەتەدا نووسەر ناتوانێ هەموو بابەتەکان باس بکات، بەڵکو هەوڵ دەدات هەندێ لە بابەتە سەرەکییەکان باس بکات و بابەتەکانی دیکە بۆ توێژەر و

نووسەرانی دیکە بەجێدێڵێت، یان خۆی لە دەرفەتێکی دیکەدا باسیان دەکات.

ئەوەی جیاوازە لەم کتێبە، کە بێگومان خوێنەری هێژا تێبینی کردووە، پشتبەستنی زۆر بە توێژینەوە و دوورکەوتنەوە لە قسەکردنی تیۆری لەسەر بابەتەکان، لەم کتێبە پشت بە ٧٥ توێژینەوەی زانستی بەستراوە کە بە پێی زانیاری خۆم هیچ کتێبێکم نەبینیووە بە زمانی کوردی کە ئەوەندە توێژینەوە بگرێتە خۆی. شتێکی ئاشکرایە کە قسەکردنی زانستی لەسەر هەر بابەتێک لە بابەتەکان، ناکرێ تەنها بە شێوەیەکی تیۆری بێت و هەر کەسێک ڕا و بۆچوونێکی خۆی لەسەر بابەتەکە هەبێت و بە زانستی لە قەڵەمی بدات، قسەکردنی زانستی دەبێت پشتئەستوور بێت بە توێژینەوەی زانستی تۆکمە، مەرج نییە ئەنجامی هەموو توێژینەوەکان بە یەک ئاڕاستە بن، بەڵام جیاوازی نێوانیانیش دەکرێ بە شێوەیەکی لۆجیکی لێکبدرێتەوە و لە کۆتاییدا بگەینە ئەنجامێکی دڵنیاکەرەوە سەبارەت بە بابەتەکە، بۆیە هیوادارم کە خوێنەر لە زۆری توێژینەوەکانی ناو ئەم کتێبە بێزار نەبێت، بەڵکو هەوڵ بدات سوودیان لێ ببینێت و ئەگەر خوێنەر توێژەریش بوو هیوادارم کە ئەم توێژینەوانە دەرگایان بۆ بکەنەوە بۆ ئەنجامدانی توێژینەوەی هاوشێوە لە کۆمەڵگای کوردیدا.

هەوڵم داوە کە بە باشی و بە شێوەیەکی زانستی ئاماژە بۆ سەرچاوە توێژینەوەکان بدەم لە بەشی سەرچاوەکان بۆ ئەوەی خوێنەر بە ئاسانی بتوانێت بگەڕێتەوە بۆ سەرچاوەی سەرەکی توێژینەوەکە ئەگەر

ویستی زانیاری وردتر لەسەر توێژینەوەکە بزانێت، بە تایبەتی لەسەر چۆنیەتی ئەنجامدانی و ئەو پێوەرانەی کە تیایاندا بەکارهاتوون.

ئومێدەوارم کە ئەم کتێبە سەرەتایەک بێت بۆ نووسینی کتێبی دیکە لەسەر ئەم بابەتە هەستیارە وهاندەرێک بۆ ئەکادیمییەکان کە توێژینەوەی زانستی لەسەر بابەتەکانی سایکۆلۆجیای ئایینداری بکەن و پێشنیاز دەکەم کە ئەو لایەنانەی پەیوەندییان بە کاروباری ئایینی هەیە لە هەرێمی کوردستان، چ وەرزارەتی ئەوقاف و کاروباری ئایینی بێت، یان یەکێتی زانایانی کوردستان بێت، بیر لە دامەزراندنی سەنتەرێکی زانستی بکەنەوە، بە هاوکاری زانکۆکانی هەرێم، کە تایبەت بێت بۆ ئەنجامدانی توێژینەوەی زانستی لەسەر سایکۆلۆجیا و سۆسیۆلۆجیای ئایینداری لە کوردستاندا.

وەک یەکەم کتێب کە لەسەر سایکۆلۆجیای ئایینداری بە کوردی نووسرابێت و وەک هەر هەولێکی مرۆڤ، چاوەڕێی ئەوە دەکەم کەموکورتی و هەڵەی تێدا بێت، زۆر سوپاسگوزار دەبم ئەگەر خوێنەران لەم کەموکورتی و هەڵانە ئاگادارم بکەنەوە بۆ ئەوەی بتوانم لە چاپی داهاتوودا خۆم لێیان بپارێزم.

سەرچاوەکان

به‌ زمانی ئینگلیزی:

Abdel-Khalek, A. M. (2006). Happiness, health, and religiosity: Significant relations.
Mental Health, Religion & Culture, 9(1): 85–97.

Abdel-Khalek, A. M. (2007). Assessment of intrinsic religiosity with a single-item measure in a sample of Arab Muslims, Journal of Muslim Mental Health, 2 (2): 211 – 215.

Abdel-Khalek, A. M. & Naceur, F. (2007). Religiosity and its association with positive and negative emotions among college students from Algeria, *Mental Health, Religion & Culture*, 10(2): 159–170

Abu Raiya, H. (2008). A psychological measure of Islamic religiousness: Evidence for relevance, reliability and validity. Unpublished PhD Dissertation. Bowling Green State University.

Achour, M. , Grine, F. , Mohd Nor, M. R. , & Mohd Yusoff, M. Y. Z. (2014). Measuring religiosity and its effects on personal well-being: A case study of Muslim female academicians in Malaysia. Journal of Religion and Health, DOI 10. 1007/s10943-014-9852-0.

Agbaria, Q. (2013) Depression among Arab students in Israel: The contribution of religiosity, happiness, social support and self-control. Sociology Study. 3 (10): 721-738.

Ai, A. L. , Peterson, C. & Huang, B. (2003). The Effect of Religious–Spiritual Coping on Positive Attitudes of Adult Muslim Refugees From Kosovo and Bosnia, *The International Journal for the Psychology of Religion*, 13(1), 29–47.

Albelaikhi, A. A. (1997). Development of a Muslim religiosity scale. Dissertations and Master's Theses (CampusAccess). http://digitalcommons. uri. edu/dissertations/ AAI9805228.

Allport, G. W. (1950). *The Individual and his religion: A Psychological Interpretation.* New York: The Macmillan Company.

Anderson, M. J. , Marwit, S. J. , Vandenberg, B. & Chibnall, J. T. (2005). Psychological and Religious Coping Strategies of Mothers Bereaved by the Sudden Death of a Child, *Death Studies*, 29: 811–826.

Ardelt, M. (2003). Effects of Religion and Purpose in Life on Elders' Subjective Well-Being and Attitudes toward Death. *Journal of Religious Gerontology*, Vol. 14(4).

Argyle, M. (2000). *Psychology and Religion: An Introduction.* Routledge: London and New York

Aten, J. D. , O'Grady, K. A. & Worthington JR, E. L. (2012). *The Psychology of Religion and Spirituality for Clinicians: Using Research in Your Practice.* New York: Routledge

Belding, J. N. , Howard, M. G. , McGuire, A. M. , Schwartz, A. C. & Wilson, J. H. (2010). Social Buffering by God: Prayer and Measures of Stress, *Journal of Religion and Health*, 49:179–187.

Belzen, J. A. (2010). *Towards Cultural Psychology of Religion: Principles, Approaches, Applications*. London: Springer.

Bjorck, J. P. & Thurman, J. W. (2007). Negative Life Events, Patterns of Positive and Negative Religious Coping, and Psychological Functioning, *Journal for the Scientific Study of Religion*, 46(2):159–167.

Bootzin, R. R. , Acocella, J. R. & Alloy, L. B (1993) Abnormal Psychology: Current Perspectives. 6th ed. New York: McGraw-Hill.

Boswell, G. H. , Kahana, E. and Anderson, P. D. (2006). Spirituality and Healthy Lifestyle Behaviors: Stress Counter-balancing Effects on the Well-being of Older Adults,
Journal of Religion and Health, 45 (4): 587-602.

Brown, S. L. , Nesse, R. M. , House, J. S. & Utz, R. L. (2004). Religion and Emotional Compensation: Results From a Prospective Study of Widowhood, *Personality and Social Psychology Bulletin*, 30; 1165-1174.

Butcher, J. N. , Mineka, S. & Hooly, J. M. (2008). Abnormal Psychology: Core Concepts. Boston: Pearson.

Carlozzi, B. L. , Winterowd, C. , Harrist, R. S. , Thomason, N. , Bratkovich, K. & Worth, S. (2010). Spirituality, Anger, and Stress in Early Adolescents, *Journal of Religion and Health*, 49:445–459.

Chaaya, M. , Sibai, A. M. , Fayad, R. and El-Roueiheb, Z. (2007). Religiosity and depression in older people: Evidence from underprivileged refugee and non-refugee communities in Lebanon. *Aging Mental Health,* 11(1): 37–44.

Chen, Z. , Ghorbani, N. , Watson, P. J. & Aghababaei, N. (2013). Muslim experiential religiousness and Muslim attitudes toward religion: Dissociation of experiential and attitudinal aspects of religiosity in Iran. Studia Religiologica, 46 (1): 41–50.

Chiswick, B. R. & Mirtcheva, D. M. (2013). Religion and Child Health: Religious Affiliation, Importance, and Attendance and Health Status among American Youth.
Journal of Family Economic Issues, 34:120–140.

Chamberlain, T. J. & A. Hall, C. A. (2000). *Realized Religion.* Philadelphia & London:
Templeton Foundation Pres

Chuin, C. L. & Choo, Y. C. (n. d.). Age, Gender, and Religiosity as Related to Death Anxiety, Sunway Academic Journal, 6.

Colbert, L. K. , Jefferson, J. L. , Gallo, R. & Davis, R. (2009). A Study of Religiosity and Psychological Well-being Among African Americans: Implications for Counseling and Psychotherapeutic Processes, *Journal of Religion and Health*, 48:278–289.

Cowchock, F. S. , Lasker, J. N. , Toedter, L. J. , Skumanich, S. A. & Koenig, H. G. (2010). Religious Beliefs Affect Grieving After Pregnancy Loss, *Journal of Religion and Health*, 49:485–497.

Daaleman,T. P. , Perera, S. and Studenski,S. A. *(2004).* Religion, Spirituality, and Health Status in Geriatric Outpatients. *Annual Family Medicine,* Vol. 2:49-53.

Dacey, J. , Travers, J. & Fiore, L. (2009). *Human Development across Life Span.* New York: McGraw-Hill International Edition.

Delaney, H. D. , Miller, W. R. & Bisono', A. M. (2007). Religiosity and Spirituality Among Psychologists: A Survey of Clinician Members of the American Psychological Association. *Professional Psychology: Research and Practice*, 38 (5): 538–546.

Dew, R. E. , Daniel, S. S. , Goldston, D. B. , McCall, W. V. , Kuchibhatla, M. , Schleifer, C. , Triplett, M. F. & Koenig, H. G. (2010). A prospective study of religion/spirituality and depressive symptoms among adolescent psychiatric patients, *Journal of Affective Disorders*, 120: 149–157.

Dulin, P. L. (2005). Social support as a moderator of the relationship between religious participation and psychological distress in a sample of community dwelling older adults, *Mental Health, Religion & Culture*, 8(2): 81-86.

Eliassen, A. H. , Taylor, J. & Lloyd, D. A. (2005). Subjective Religiosity and Depression in the Transition to Adulthood, *Journal for the Scientific Study of Religion*, 44(2):187–199.

Ellis, A. (n. d.). *The Case Against Religion: A Psychotherapist's View and The Case Against Religiosty*. Austin: American Atheist Press

Ellis, A. (1992). Do I Really Hold That Religiousness Is Irrational and Equivalent to Emotional Disturbance? *American Psychologist*, March, p. 428.

El-Menouar, Y. (2014). The five dimensions of Muslim religiosity: Results of an empirical study. Methods, Data, Analyses, 8(1): 53-78.

Eskin, M. (2004). The effects of religious versus secular education on suicide ideation and suicidal attitudes in adolescents in Turkey, *Social Psychiatry and Psychiatric Epidemiology*, 39 : 536–542.

Ferguson, J. K. , Willemsen, E. W. & Castañeto, M. L. V. (2010). Centering Prayer as a Healing Response to Everyday Stress: A Psychological and Spiritual Process,
Pastoral Psychology, 59:305–329.

Fincham, F. D. , Beach, S. R. H. , Lambert, N. , Stillman, T. & Braithwaite, S. (2008). Spiritual Behaviors and Relationship Satisfaction: A Critical Analysis of the Role of Prayer. *Journal of Social and Clinical Psychology*, 27 (4): 362–388.

Francis, L. J. & Jackson, C. J. (2003). Eysenck's dimensional model of personality and religion: are religious people more neurotic? *Mental Health, Religion & Culture*, 6 (1): 87-98.

Francis, J. L. , Fearn, M. and Lewis, C. A. (2005). The Impact of Personality and Religion on Attitudes toward Alcohol among 16–18 year olds in Northern Ireland. *Journal of Religion and Health*, Vol. 44 (3).

Frazier, C. , Mintz, L. B. & Mobley, M. (2005). A Multidimensional Look at Religious Involvement and Psychological Well-Being Among Urban Elderly African Americans, *Journal of Counseling Psychology*, 52 (4): 583–590.

French, D. C. , Eisenberg, N. , Vaughan, J. , Purwono, U. & Suryanti, T. A. (2008).
Religious Involvement and the Social Competence and Adjustment of Indonesian Muslim Adolescents, *Developmental Psychology*. 44 (2): 597–611.

Freud, S. (1961). *Future of an illusion*. James Strachey (trans.). New York: W. W. Norton & Company Inc.

Fry, P. S. (2000). Religious involvement, spirituality and personal meaning for life: existential predictors of psychological wellbeing in community residing and institutional care elders, *Aging & Mental Health*, 4(4): 375- 387

Ghorbani, N. , Watson, P. J. , Ghramaleki, F. A. , Morris, R. J. & Hood, R. W. Jr. (2000). Muslim attitudes towards religion scale: factors, validity and complexity of relationships with mental health in Iran, *Mental Health, Religion & Culture*, 3 (2): 125-132.

Good, M. & Willoughby, T. (2006). The Role of Spirituality Versus Religiosity in Adolescent Psychosocial Adjustment, *Journal of Youth and Adolescence*, 35(1): 41–55.

Green, M. & Elliott, M. (2010). Religion, Health, and Psychological Well-Being, *Journal of Religion and Health*, 49:149–163.

Haley, K. C. , Koenig, H. G. & Bruchett, B. M. (2001). Relationship between Private Religious Activity and Physical Functioning in Older Adults, *Journal of Religion and Health*, 40 (2): 305-312.

Harding, S. R. , Flannelly, K. J. , Weaver, A. J. & Costa, K. G. (2005). The influence of religion on death anxiety and death acceptance, *Mental Health, Religion & Culture,*
    8(4): 253–261

Harris, J. I. , Schoneman, S. W. & Carrera, S. R. (2002). Approaches to religiosity related to anxiety among college students, *Mental Health, Religion & Culture*, 5 (3): 253-265.

Higginbotham, B. J. , Ketring, S. A. , Hibbert, J. , Wright, D. W. & Guarino, A. (2007). Relationship Religiosity, Adult

Attachment Styles, and Courtship Violence Experienced by Females, *Journal of Family Violence*, 22:55–62.

Holder, M. D. , Coleman, B. & Wallace, J. M. (2010). Spirituality, Religiousness, and Happiness in Children Aged 8–12 Years. *Journal of Happiness Studies*, 11:131–150

Hood, R. W. , Hill, P. C. & Spilka, B. (2009). *The Psychology of Religion: An Empirical Approach.* 4th ed. New York: Guilford Press

Horton, K. D. , Ellison, C. G. , Loukas, A. , Downey, D. L. & Barrett, J. B. (2012). Examining Attachment to God and Health Risk-Taking Behaviors in College Students. *Journal of Religion and Health*, 51:552–566

Hossain, M. S. & Siddique, M. Z. (2008). Does Religiosity Help Muslims Adjust to Death: A Research Note, *Omega*, 57(1): 113-119.

Hunsberger, B. , Pratt, M. & Pancer, S. M. (2001). Religious Versus Nonreligious Socialization: Does Religious Background Have Implications for Adjustment? *The International Journal for the Psychology of Religion*, 11(2): 105–128.

Hussain, A. , Weisaeth, L. & Heir, T. (2011). Changes in religious beliefs and the relation of religiosity to posttraumatic stress and life satisfaction after a natural disaster, *Social Psychiatry and Psychiatric Epidemiology*, 46:1027–1032.

Hood, R. W. , Hill, P. C. & Spilka, B. (2009). *The psychology of religion : an empirical approach.* 4th. ed. New York: Guilford Press.

Jacobs, M, Miller, L. , Wickramaratne, P. , Gameroff, M. , & Weissman, M. M. (2012). Family religion and psychopathology in children of depressed mothers: Ten-year follow-up, *Journal of Affective Disorders*, 136: 320–327.

Jagt-Jelsma, W. , Vries-Scho, M. , Jong, R. , Verhulst, F. C. , Ormel, J. , Veenstra, R. , Swinkels, S. & Buitelaar, J. (2011). The relationship between parental religiosity and mental health of pre-adolescents in a community sample: the TRAILS study. *European Child and Adolescent Psychiatry*, 20:253–260.

James, W. (n. d.). The Variety of Religious Experience: A Study in Human Nature. World Wide Web.

Johansen, T. (2010). *Religion and Spirituality in Psychotherapy: An Individual Psychology Perspective*. New York: Springer Publishing Company.

Jung, C. G. (1958). *Psychology and Religion: West and East*. Trans. R. F. C. Hull. New York: Banthion Books.

Kalkhoran, M. A. & Karimollahi, M. (2007). Religiousness and preoperative anxiety: a correlational study, *Annals of General Psychiatry*, 6:17doi:10. 1186/1744-859X-6-17.

Kamal, Z. and Loewnthal, K. M. (2002). Suicide beliefs and behaviour among young Muslims and Hindus in the UK, *Mental Health, Religion & Culture*, 5 (2).

Kaslow, N. J. , Price, A. W. , Wyckoff, S. , Grall, M. B. Sherry, A. , Young, S. , Scholl, L. , Upshaw, V. M. , Rashid, A. Jackson, E. B. & Bethea, K. (2004). Person Factors Associated With Suicidal Behavior Among African American Women and Men. *Cultural Diversity and Ethnic Minority Psychology*, 10 (1): 5–22.

Kendler, K. S. , Liu, X-Q. , Gardner, C. O. , McCullough, M. E. , Larson, D. & Prescott, C. A. (2003). Dimensions of

Religiosity and Their Relationship to Lifetime Psychiatric and Substance Use Disorders. *American Journal of Psychiatry*, 160:496–503.

Khan, Z. H. & Watson, P. J. (2006). Construction of the Pakistani Religious Coping Practices Scale: Correlations With Religious Coping, Religious Orientation, and Reactions to Stress Among Muslim University Students, *The International Journal for the Psychology of Religion*, 16(2): 101– 112.

Kim, J. (2008). The Protective Effects of Religiosity on Maladjustment among
Maltreated and Nonmaltreated Children. *Child Abuse and Neglect*, 32(7): 711–720

Kirkpatrick, L. A. (2005). *Attachment, Evolution, and the Psychology of Religion*. New York: The Guilfort Press.

Krauss, S. E. , Hamzah, A. , Juhari, U. & Abd. Hamid, A. (2005). The Muslim Religiosity-Personality Inventory (MRPI): Towards understanding differences in the Islamic religiosity among the Malaysian youth. Pertanika Journal of Social Science & Humnities, 13 (2): 173-186.

Labbe´ E. E. & Fobes, A. (2010). Evaluating the Interplay Between Spirituality, Personality and Stress, *Applied Psychophysiological Biofeedback*, 35:141–146.

Laurencelle, R. M. , Abell, S. C. & Schwartz, D. J. (2002). The Relation Between Intrinsic Religious Faith and Psychological Well-Being, *The International Journal For The Psychology of Religion*, 12(2): 109–123.

Lawler, K. A. & Younger, J. W. (2002). Theobiology: An Analysis of Spirituality, Cardiovascular Responses, Stress, Mood, and Physical Health, *Journal of Religion and Health*, 41 (4): 347-362.

Leuba, J. H. (1909). Psychological Origin and the Nature of Religion. London: Archibald Constable & Co Lt.

Levin, J. (2013). Religion Among Israeli Jews: Findings from the ISSP Religion III Survey, *Journal of Happiness Studies*, DOI 10. 1007/s10902-013-9437-8.

Lewis, C. A. , Francis, L. J. & Enger, T. (2004). Personality, prayer and church attendance among a sample of 11 to 18 year olds in Norway, *Mental Health, Religion & Culture*, 7 (3): 269–274.

Lewis, C. A. , Maltby, J. & Day, L. (2005). Religious orientation, religious coping and happiness among UK adults. *Personality and Individual Differences*, 38: 1193–1202

Lichter D. T. and Julie H. Carmalt, J. H. (2009). Religion and marital quality among low-income couples. *Social Science Research*, 38: 168–187.

Loewenthal, K. M. , Cinnirella, M. , Evodka, G. , & Murphy, P. (2001). Faith conquers all? Beliefs about the role of religious factors in coping with depression among different cultureal-religious groups in the UK, *British Journal of Medical Psychology*, 74: 293-303.

Loewenthal, K. (2006). *Religion, Culture and Mental Health*. Cambridge: Cambridge University Press.

Mahmoudi, G. , Ebadi, A. G. & Akbarzadeh, H. (2007). Religious Coping and Anxiety in Students of Islamic Azad University-Sari Branch, 1999-2000, *World Applied Sciences Journal*, 2 (4): 363-367.

Maslow, A. H. (1964). *Religions, Values, and Peak Experiences*. Penguin Books Limited.

Maselko, J. & Buka, S. (2008). Religious activity and lifetime prevalence of psychiatric disorder, *Social Psychiatry and Psychiatric Epidemiology*, 43:18–24.

Meisenhelder, J. B. Chandler, E. N. (2002). Spirituality and Health Outcomes in the Elderly, *Journal of Religion and Health*, 41 (3): 243-252.

Milevsky, A. & Levitt, M. J. (2004). Intrinsic and extrinsic religiosity in preadolescence and adolescence: Effect on psychological adjustment, *Mental Health, Religion & Culture*, 7 (4): 307–321.

Milevsky, A. & Leh, M. (2008). Religiosity in Emerging Adulthood: Familial Variables and Adjustment, *Journal of Adult Development*, 15:47–53.

Mochon, D. , Norton, M. I. & Ariely, D. (2011). Who Benefits from Religion?
Social Indicators Research, 101:1–15

Mykito, J. J. & Knight, S. J. (1999). Body, Mind and Spirit: Towards the Integration of Religiosity and Spirtualtiy in Cancer Quality of Life Research, *Psycho-Oncology*, 8: 439–450.

Nelson, J. M. (2009). *Psychology, Religion, and Spirituality*. New York: Springer

Nielsen, S. L. , Johnson, W. B. & Ellis, A. (2001). *Counseling and Psychotherapy with Religious Persons: A Rational Emotive Behavior Therapy Approach.* New Jersey: Lawrence Erlbaum Associates, Publishers.

Park, C. L. (2006). Exploring relations among religiousness, meaning, and adjustment to lifetime and current stressful encounters in later life, *Anxiety, Stress, and Coping*, 19(1): 33-45.

Parker, M. L. , Roff, L. , Klemmack, D. L. , Koenig, H. G. , Baker, P. & Allman, R. M. (2003). Religiosity and mental health in southern, community-dwelling older adults, *Aging & Mental Health*, 7(5): 390–397.

Peselow, E. , Pi, S. , Lopez, E. , Besada, A. , & Ishak, W. W. (2014). The Impact of Spirituality Before and After Treatment of Major Depressive Disorder. *Innovations in Clinical Neuroscience*, 11(3–4):17–23.

Perez, J. E. , Little, T. D. , & Henrich, C. C. (2009). Spirituality and Depressive Symptoms in a School-Based Sample of Adolescents: A Longitudinal Examination of Mediated and Moderated Effects, *Journal of Adolescent Health*, 44: 380–386.

Plante, G. T. , Yancey, S. , Sherman, A. and Guertin, M. (2000). The Association Between Strength of Religious Faith and Psychological Functioning, *Pastoral Psychology*, 4(5): 405-412.

Rajagopal, D. , Mackenzie, E. , Bailey, C. and Mourey, R. L. (2002). The Effectiveness of a Spiritually-Based Intervention to Alleviate Subsyndromal Anxiety and Minor Depression among Older Adults, *Journal of Religion and Health*, 41 (2):153-166.

Rasic, D. , Kisely, S. and Langille, D. B. (2011). Protective associations of importance of religion and frequency of service attendance with depression risk, suicidal behaviours and substance use in adolescents in Nova Scotia, Canada, *Journal of Affective Disorders*, 132: 389–395.

Rasic, D. , Robinson, J. A. , Bolton, J. , Bienvenu, O. J. , & Sareen, J. (2011). Longitudinal relationships of religious worship attendance and spirituality with major depression, anxiety disorders, and suicidal ideation and attempts: Findings from the Baltimore epidemiologic catchment area study. *Journal of Psychiatric Research*, 45: 848-854.

Robu, M. (2006). The Relationship Between Religiousness, Attachment and Psychological Wll-being, *Studia Universitatis Babes-Bolyai, Theologia Catholica Latina*, Li, 1: 83-92.

Rostosky, S. S. , Danner, F. and Riggle, E. D. B. (2008). Religiosity and Alcohol Use in Sexual Minority and Heterosexual Youth and Young Adults, *Journal of Youth and Adolescence*, 37:552–563

Salleh, M. S. (2012). Religiosity in development: A theoretical construct of an Islamic-based development. International Journal of Humanities and Social Science, 2(14):266-274.

Salsman, J. M. & Carlson, C. R. (2005). Religious Orientation, Mature Faith, and Psychological Distress: Elements of Positive and Negative Associations, *Journal for the Scientific Study of Religion*, 44(2):201–209.

Sarason, I. G. & Sarason, B. R. (1996). Abnormal Psychology: The Problem of Maladaptive Behavior. New Jersey: Prentice-Hall.

Saroglou, V. (2011). Believing, bonding, behaving, and belonging: The big four religious dimensions and cultural variation, Journal of Cross-Cultural Psychology, 42(8) 1320–1340.

Schultz, D. P. & Schultz, S. E. (2005). *Theories of Personality*. 8th ed. Belmont: Thomson Wadsworth.

Seidmahmoodi, J. , Rahimi, C. & Mohamadi, N. (2011). Resiliency and Religious Orientation: Factors Contributing to Posttraumatic Growth in Iranian Subjects, *Iranian Journal of Psychiatry*, 6:145-150.

Smith, T. B. , McCullough, M. E. & Poll, J. (2003). Religiousness and Depression: Evidence for a Main Effect and the Moderating Influence of Stressful Life Events. *Psychological Bulletin*, 129 (4): 614–636.

Steger, M. F. & Frazier, P. (2005). Meaning in Life: One Link in the Chain From Religiousness to Well-Being, *Journal of Counseling Psychology*, 52 (4): 574–582.

Van Bruinessen, M. (1999). The Kurds and Islam. Working Paper no. 13, Islamic Area Studies Project, Tokyo, Japan,

Walker, C. , Ainette, M. G. , Wills, T. A. & Mendoza, D. (2007). Religiosity and Substance Use: Test of an Indirect-Effect Model in Early and Middle Adolescence, *Psychology of Addictive Behaviors*, 21 (1): 84–96.

Webb, M. & Whitmer, K. J. O. (2003). Parental religiosity, abuse history and maintenance of beliefs taught in the family, *Mental Health, Religion & Culture*, 6 (3): 229-239.

Whitbourne, S. K. & Whitbourne, S. B. (2011). *Adult Development & Aging: Biopsychosocial Perspective..* 4th ed. John Wiley & Sons.

Wnuk, M. & Marcinkowski, J. T. (2014). Do Existential Variables Mediate Between Religious-Spiritual Facets of Functionality and Psychological Well-being. *Journal of Religion and Health*, 53:56–67.

Wulff, D. M. (2001). Psychology of religion: An overview. In: *Religion and Psychology:*
Mapping the Terrain: Contemporary dialogues, future prospects. Edited by: Jonte-Pace, D. and B. Parsons, W. B. London: Routledge

Zuraida, N. Z. & Ahmad, H. S. (2007). Religiosity and Suicide Ideation in Clinically Depressed Patients, *Malaysian Journal of Psychiatry*, 16 (1).

Zwingmann, C. , Wirtz, M. , Muller, C. , Korber, J. & Murken, S. (2006). Positive and Negative Religious Coping in German Breast Cancer Patients, *Journal of Behavioral Medicine*, 29 (6): 533-547.

به زمانى عەرەبى :

اسماعيل، أزاد علي (٢٠١٤). الدين والصحة النفسية. هيرندن: المعهد العالمي للفكر الاسلامي.

اسماعيل، ازاد علي (٢٠١٦). البعد الغائب: الدين في العلاج النفسي. مقال في جريدة الصباح، صفحة الثقافة النفسية.

البِرواري، رشيد حسين (٢٠١٣) الأفكار العقلانية واللاعقلانية وعلاقتها بالالتزام الديني ومركز الضبط عند طلبة الجامعة. عمان: دار جرير للنشر.

سميث، هيوسن (٢٠٠٥). لماذا الدين ضرورة حتمية؟ مصير الرُوح الانسانية في عصر الالحاد. تعريب: سعد روستم. دار الجسور الثقافية.

السواح، فارس (٢٠٠٢). دين الانسان: بحث في ماهية الدين ومنشأ الدافع الديني. ط٤. دمشق: دار علاء الدين.

صالح، قاسم حسين (٢٠٠٥). علم النفس الشواذ والاضطرابات العقلية والنفسية. أربيل: مطبعة جامعة صلاح الدين.

عبدالرحمن، طه (٢٠١٦) من الانسان الأبتر الى الانسان الكوثر. بيروت: المؤسسة العربية للفكر والابداع.

فروم، اريك (٢٠٠٣). الدين والتحليل النفسي. ترجمة: فؤاد كامل. الاسكندرية: مكتبة الغريب.

به زمانى كوردى :

ئازاد على اسماعيل و ميران محمد صالح (٢٠١٤). خەسلّەتە سەرەكييەكانى كەسايەتى كوردى به بۆچوونى مامۆستايانى زانكۆ. گۆڤارى ئەكاديمياى كوردى، ژماره ٣٠، لا: ٣٣٧-٣٦٨.

پەیمانگای جیهانیی فیکری ئیسلامیی

دامەزراوەیەکی فیکریی ئیسلامیی رۆشنبیریی سەربەخۆیە، لە سەرەتای سەدەی پانزەیەمی کۆچی (١٤٠١ك ـ ١٩٨١ن) لە ویلایەتە یەکگرتووەکانی ئەمریکا دامەزراوە، تا کار بۆ ئەم خاڵانەی خوارەوە بکات:

ـ فەراهەمهێنانی تێڕوانینی گشتگیرانەی ئیسلام، لەپێناو تەئسیلکردنی مەسەلە هەنووکەییەکانی ئیسلام و رونکردنەوەیان، هەروەها لەپێناو پێکەوەگرێدانی بەش و لقەکان بە هەمەکییەکان (الکلیات) و مەبەست و ئامانجە گشتییەکانی ئیسلام.

ـ گێڕانەوەی ناسنامەی فیکریی و رۆشنبیریی و ژیاریی بۆ ئوممەی ئیسلامیی، ئەویش لە میانەی چەند هەوڵ و کۆششێکی بەئیسلامکردنی زانستە مرۆڤایەتیی و کۆمەڵایەتییەکان و چارەسەرکردنی مەسەلەکانی فیکری ئیسلامیی.

ـ چاکسازی لە پرۆگرامەکانی فیکری ئیسلامیی هاوچەرخدا، بۆ ئەوەی ئوممەی ئیسلامیی توانای دووبارە گەڕاندنەوەی شێوە ژیانە ئیسلامییەکەی خۆی و هەروەها رۆڵی خۆی لە ئاراستەکردنی کاروانی ژیاریی مرۆڤایەتی و بەرچاوڕۆشنکردنی و گرێدانی بە بەها و ئامانجەکانی ئیسلامەوە، هەبێت.

پەیمانگا، بۆ بەدەستهێنانی ئامانجەکانی چەند هۆکارێك دەگرێتەبەر لەوانەش:

- بەستنی کۆنگرە و سیمیناری زانستی.

- هاوکاریی هەوڵ و کۆششی زانا توێژەرەوەکانی زانکۆ و بنکەکانی توێژینەوەی زانستیی و بڵاوکردنەوەی بەرهەمە زانستییە نایابەکان.

- ئاراستەکردنی توێژینەوە زانستی و ئەکادیمییەکان لەپێناو خزمەتکردن بە فیکر و مەعریفە.

هەروەها پەیمانگا چەند نووسینگە و لقێکی لە پایتەختی وڵاتە عەرەبی و ئیسلامییەکان و وڵاتانی تریش هەیە، کە لە ڕێگەیانەوە کار و چالاکییە جۆراوجۆرەکانی خۆی ئەنجام دەدات، هەروەها چەند ڕێکەوتننامەیەکی لەگەڵ ژمارەیەك زانکۆی عەرەبی و ئیسلامیی و خۆرئاوایی لە سەرانسەری جیهاندا بۆ هاوکاریی زانستی هاوبەش، هەیە.

سەنتەری زەهاوی بۆ لێکۆڵینەوەی فیکریی

سەنتەرێکی کوردستانی ناحکومی ناسیاسییە، گرنگیی دەدات بە توێژینەوە و تاوتوێکردنی پرسە هزرییە بنەڕەتییەکان بۆ دووبارە هێنانەگۆی دەق و تێکستە پیرۆزەکان و چۆنیەتی دابەزاندنی چەمکە مەعریفی و بەبایەخەکانی ئیسلام لە بوارە جیاوازەکانی سەردەمدا، لە سۆنگەی ئەوەوە کە هزر و بیری ڕەسەن و قووڵ بنچینەی تێگەیشتنی ڕاست و دروستە بۆ دەقەکانی قورئان سوننەت و دەستەبەری لێکدانەوەی گونجاوە بۆیان، سەنتەر هەوڵی ڕەخساندنی کەشوهەوای گونجاو دەدات بۆ کارابوونی عەقڵ و بیر و ڕانانی هزریی، لەم پێناوەدا سەنتەر هەردوو سەرچاوەی قورئانی پیرۆز و فەرموودەی بەرز و بەرێز بە بەکارهێنانی ئامرازی زانستە ئیسلامییەکان و زانستە کۆمەڵایەتی و سروشتییەکان دەکاتە بنەمای کارەکانی.

ئامانجەکانی سەنتەر:

ـ بوژاندنەوەی بیرو هزر و بەکارخستنی مەعریفەی ئیسلامی لە ناوەندە زانکۆیی و پەروەردەییەکاندا، بە پشتبەستن بە بەهرە و توانا خودییەکانی ئەکادیمیانی کوردستان و جیهانی ئیسلامی و ئەزموونی بیرمەندانی مسوڵمان.

- پەرەپێدان و پەسەندکردنی ڕوانگەی زانستی مەنهەجی لە چارەسەرکردنی کێشە و گرفتە هزرییەکاندا و بێلایەنبوون لە پرسە خیلافییەکاندا و خۆبەدوورگرتن لە بڕیاری پێشوەخت و شێوازی سۆزدارانە و هەوڵدان بۆ بابەتیبوون.

- کاراکردنی کەلەپووری دەوڵەمەندی ئیسلامی و سوودوەرگرتن لە سەرچاوە گرنگەکانی بیری ئیسلامی لە کۆن و نوێدا و سەرلەنوێ هێنانەگۆی چەمکە فیکرییە دوێنراوەکان لە مێژووی ئیسلامیدا، بە ڕەچاوکردنی گۆڕانەکانی سەردەم.

- پەرەپێدانی چەمکی ئیعتیدال لە کایە فیکری و مەعریفییە جیاوازەکاندا و خۆبەدوورگرتن لە تێپەڕاندن و بەزایەدان.

- سەنتەر کاردەکات بۆ سەرلەنوێ و بەردەوام خوێندنەوەی هەردوو پەڕاوی قورئان و بوونەوەر بەپێی مەنهەج و میتۆدی زانستی و بەبێ چاولێکەری، بەڵکو بە نەفەسێکی تازە و بە سوودوەرگرتن لە عەقڵی ڕاشکاو و نەقڵی سەلمێنراو.

بوارەکانی کارکردن:

- نووسین بە قەڵەمی خۆماڵی نووسەرانی کورد و بیرمەندان.

- وەرگێڕان لە زمانە جیاوازەکان بۆ زمانی کوردی لە پێناو دەوڵەمەندکردنی کلتووری کوردی.

- بەستنی کۆڕ و سازدانی سیمینار لەلایەن خاوەن بیر و ئەکادیمیانەوە.

- خولی ڕاهێنان و وۆرکشۆپ لەلایەن کەسانی پسپۆڕ و خاوەن بڕوانامەی زانکۆییەوە.

- هاوکاریکردنی دامودەزگا و دامەزراوە ئەکادیمییەکان و زانکۆکان لە پێناو پەرەپێدانی ئاستی زانستی.